# Alt werden und Alt sein in einer ländlichen Gemeinde

**Bienenbüttel und seine Ortsteile
Bargdorf, Beverbeck, Bornsen, Edendorf,
Eitzen I, Grünhagen, Hohenbostel, Hohnstorf,
Niendorf, Rieste, Steddorf, Varendorf,
Wichmannsburg und Wulfstorf.**

**Eine empirische Untersuchung
in Zusammenarbeit mit der
Universität Lüneburg**

Impressum



Redaktion: Arbeitskreis Geschichte Bienenbüttel

Herausgeber: Dr. habil. Christine Meyer

Bearbeitung und Aktualisierung für die Schriftenreihe SPUREN: Axel Holst

Herstellung und Verlag: Books on Demand GmbH, Norderstedt

ISBN 978-3-8334-8816-0

# GELEITWORT DES BÜRGERMEISTERS

Der ehrenamtlich tätige Arbeitskreis Geschichte Bienenbüttel hat im Rahmen der Schriftenreihe „Spuren" bisher geschichtliche Themen Bienenbüttels oder seiner Ortsteile bearbeitet und veröffentlicht.

In diesem Band wird erstmals die aktuelle Situation in und um Bienenbüttel behandelt. Der Gemeinderat der letzten Wahlperiode (2001 – 2006) hatte einstimmig beschlossen, eine wissenschaftliche Studie durch die Universität Lüneburg über „Alt sein und alt werden in Bienenbüttel" erstellen zu lassen. Frau Dr. Christine Meyer vom Institut für Sozialpädagogik fand sich bereit, mit einer Arbeitsgruppe von Studierenden diese Studie zu erarbeiten, natürlich unter tatkräftiger Mitarbeit der Bürgerinnen und Bürger Bienenbüttels und seiner Ortsteile als Gesprächspartner bei persönlichen und telefonischen Interviews.

Vor Jahresfrist ist die Untersuchung fertig und dem Gemeinderat sowie allen Interessenten in einer öffentlichen Veranstaltung von Frau Dr. Meyer und ihrem Team vorgestellt worden. Hier wurde der Wunsch laut, die Untersuchung mit ihren teils überraschenden Ergebnissen gedruckt besitzen zu können.

Auch das ist inzwischen gelungen. Axel Holst vom Arbeitskreis Geschichte Bienenbüttel hat den Text überarbeitet, aktualisiert und für die Veröffentlichung als Band 6 der Reihe SPUREN vorbereitet.

Mir bleibt zum Schluss nur der Dank an alle Mitwirkenden an der Studie. Rat und Verwaltung der Gemeinde Bienenbüttel werden in den nächsten Jahren bei ihrer Arbeit im Rahmen ihrer Möglichkeiten die Perspektiven und Anregungen dieser Studie zum Wohl der Bürgerinnen und Bürger zu berücksichtigen haben.

Heinz-Günter Waltje
Bürgermeister

„Der Alte verliert eins der größten Menschenrechte:

er wird nicht mehr von seinesgleichen beurteilt."

(Goethe, Maximen und Reflexionen)

**Projektgruppe des Instituts für Sozialpädagogik
der Universität Lüneburg:**

**Dr. Christine Meyer, Sabrina Götte, Marit Kanig, Yvonne Kodel,
Conny Kuhne, Monique Salomon, Daniela Schauer, Diana Schmitz
und Marco Schmitz**

**Für den Druck im Jahr 2007 bearbeitet und aktualisiert
von Axel Holst M. A., Bienenbüttel-Bargdorf**

# Inhaltsverzeichnis

**Vorwort**

An der Entstehung des vorliegenden Berichts zur Lebenssituation und zur Zukunftsgestaltung älterer Menschen in der Gemeinde Bienenbüttel ist insbesondere hervorzuheben, dass viele Männer und Frauen aus den einzelnen Dörfern und Orten der Gemeinde sehr engagiert teilgenommen haben. Dies zeigt das große Interesse vieler Menschen, sich an einer Entwicklung und Lebensgestaltung für ältere Menschen und als älterer Mensch aktiv zu beteiligen.

Viele, vor allem ältere Menschen der Gemeinde Bienenbüttel und aus nahezu allen Dörfern, haben sich an dieser Forschung mit unterschiedlichen Erwartungen und Einstellungen beteiligt: begeistert, zustimmend, kritisch, auch distanziert oder ablehnend, - und das, ohne genau zu wissen, was eigentlich eine Forschung zum Thema „Alt werden" für eine Gemeinde, die einzelnen Dörfer und vor allem die einzelnen Menschen konkret bedeuten könnte.

Selbstverständlich ist dabei eines: Forschungen zum Thema „Alt werden und Alt sein in der Gesellschaft" können nur unter Beteiligung und mit dem Engagement älter werdender Frauen und Männer entstehen. Vielen Dank all denjenigen, die sich zur Verfügung gestellt haben und mit ihren Ideen, Anregungen und ihrer Neugier intensiv dazu beigetragen haben, dass eine so vielfältige und beachtliche Menge an neuen Erkenntnissen über das Leben und die Lebenssituationen im Alter in der Gemeinde Bienenbüttel erhoben und bearbeitet werden konnte.

Eine weitere Besonderheit kennzeichnet die Entstehung des vorliegenden Berichts. Mit dem Prozess des „Alterns" setzten sich überwiegend Menschen auseinander, die selber bisher wenig Ahnung und kaum ausreichend Erfahrung mit dem eigenen Alternsprozess vorzuweisen haben. „Altern liegt immer in der Zukunft."

Altern ist ein umfassender und vielschichtiger Prozess. Die Studierenden, die sich für das Projekt engagierten und wesentliches Forschungsmaterial erhoben und nachgefragt haben, sind im Forschungsverlauf mehr und mehr zu Expertinnen und Experten in Bezug auf das Altern in der Gesellschaft geworden.

Jüngere Menschen sind ja gewöhnlich zeitlich und gedanklich weit entfernt von der Auseinandersetzung und Beschäftigung mit Alternsprozessen. Deshalb ist es von besonderer Bedeutung, dass sich so viele Studierende an der vorliegenden Forschung mit hohem Engagement und großem Zeitaufwand beteiligt haben. Der vorliegende Bericht ist somit auch ein Beitrag zur generationsübergreifenden Gestaltung des Lebens und Arbeitens in unserer Gesellschaft.

Wenn sich eine zunehmende Anzahl von Frauen und Männern mit Alternsprozessen und dem demographischen Wandel der Gesellschaft auseinander-
setzt, steigen die Chancen, dass das Alter zu einer Lebensphase wird, auf die
sich zunehmend mehr Menschen freuen können, weil aktives Genießen und
Gestalten des Lebens im Vordergrund stehen und nicht nur eventuelle Ge-
fährdungen oder Einschränkungen.

Allen Studierenden, die sich an der Entstehung dieses umfassenden Wis-
senspakets beteiligt haben, danke ich sehr herzlich für ihre Neugier, ihr Engagement und ihre Selbständigkeit, die sie während des gesamten For-
schungsprozesses gezeigt haben.

Mit dem nun folgenden Bericht ist ein Grundstein gelegt, gemeinsam mit
allen und für alle in der Gemeinde Bienenbüttel auf den demographischen
Wandel zu reagieren. Der Bericht ist der Ausgangspunkt für Anregungen
und Diskussionen zur Lebensgestaltung älterer Einwohner in der Gemeinde
und kann eine öffentliche Diskussion über Entscheidungen und Aktivitäten
unterstützen, an deren Realisierung wiederum alle beteiligt sein sollten.

Für die Realisierung und die Auswahl, was sich verändern sollte, ist ein Entwicklungsprozess notwendig. Dieser Entwicklungsprozess ist gekennzeichnet durch öffentliche Diskussionen und Engagements aller an der Lebensgestaltung verantwortlichen Menschen und Institutionen in der Gemeinde Bienenbüttel:

- Die Bewohnerinnen und Bewohner jeder Altersgruppe in jedem Dorf,
- die Institutionen, Vereine und Anbieter von Dienstleistungen mit ihren allgemeinen und alterspezifischen Angeboten sowie
- die politisch Verantwortlichen in Gemeinderat und Verwaltung

sind für die weitere Entwicklung der Lebensgestaltung älterer Frauen und Männer in der Gemeinde verantwortlich. Auf dieser Basis wird es möglich, Entscheidungen darüber zu treffen, welche Vorschläge aus dem vorliegenden Bericht kurz-, mittel- oder langfristig realisiert werden könnten.

Dr. Christiane Meyer

# 1. Einleitung

Die Gemeinde Bienenbüttel wurde in Bezug auf die Lebenslagen und die Lebensqualität älterer Menschen in den einzelnen Ortsteilen betrachtet. Altern und Alternsprozesse gewinnen gesellschaftlich an Bedeutung, da der Anteil der älteren Frauen und Männer in den nächsten Jahrzehnten stark anwachsen wird, während die Anteile der nachwachsenden Generationen im Verhältnis dazu abnehmen werden.

Der demographische Wandel hat Auswirkungen auf nahezu alle gesellschaftlichen und individuellen Bereiche. Dies hat strukturelle Folgen, wie eben die Entstehung neuer Lebensverhältnisse und Lebenslagen auf dem Land. So werden sich auch die ländlichen Strukturen verändern, d.h. auch auf den Dörfern werden die Anteile älterer Frauen und Männer gegenüber den nachwachsenden Generationen zunehmen. Mit einer größeren Anzahl alter und zunehmend älter werdender Männer und Frauen in einem Dorf können schwierige und bisher noch nicht zu erkennende Situationen entstehen, auch in Bezug auf bisher relativ einfache Dinge wie z.B. die alltägliche Versorgung mit Lebensmitteln oder einen Arztbesuch im nächsten Dorf.

Mit dem vorliegenden Bericht liegen die Ergebnisse einer Analyse vor, in der die unterschiedlichen Lebensbedingungen der 15 Dörfer der Gemeinde Bienenbüttel untersucht wurden. Diese Bedingungen sind für die aktive Gestaltung von Alternsprozessen unter Umständen von Bedeutung. Diese Ergebnisse können als Grundlage dienen, auf deren Basis eine altersgerechte Lebensgestaltung vorausschauend diskutiert und verwirklicht werden kann.

Vieles an dieser Untersuchung ist dem einen oder anderen Bienenbütteler oder Grünhagener, der einen oder der anderen Beverbeckerin oder Hohenbostlerin bestimmt bekannt, vielleicht auch schon oft diskutiert und besprochen worden auf der einen oder anderen Veranstaltung der Feuerwehr, des Schützenvereins, beim Einkaufen oder im Wartezimmer des Arztes. Das Besondere ist, dass dies nun wissenschaftlich - im Hinblick auf altersspezifisches Wissen der älter werdenden Bewohner der Ortsteile und für die Gemeinde Bienenbüttel insgesamt - erhoben, gebündelt und ausgewertet wurde.

So ist eine Menge an Ergebnissen entstanden, welche die Lebenssituationen älter werdender Frauen und Männer transparenter und aktiv gestaltbarer machen, weil nun bekannt ist, wie sich Ältere ihr Leben im Alter wünschen. Es konnte dabei so viel an Neuem entstehen, weil sich vor allem die älteren Bewohner der Gemeinde Bienenbüttel aktiv und neugierig an dem Datenerhebungsprozess beteiligt haben. Das so entstandene Wissen ist also aus der Gemeinde Bienenbüttel heraus erwachsen.

Die Gemeinde Bienenbüttel hat es sich zur Aufgabe gemacht, den demographischen Wandel der Gesellschaft frühzeitig als Entwicklungsbedingung für die eigenen Dorfstrukturen und die hier lebenden Menschen wahrzunehmen und vorausschauend zu berücksichtigen. Die gesellschaftliche Entwicklung im allgemeinen und die sich konkret verändernden Bedingungen im eigenen Gemeinwesen können so aktiv beeinflusst und gestaltet werden. Durch den vorliegenden Bericht werden schwierige Lebenslagen älterer Menschen erkennbar, nämlich zunehmende Hilfe- und Pflegebedürftigkeiten, abnehmende Mobilität oder soziale Kontakte. Es wird möglich, eine aktive Lebensgestaltung für die einzelnen in der Gemeinde älter werdenden Frauen und Männer vorzunehmen und damit mehr Lebensqualität sowohl einzelner Gemeindemitglieder als auch der einzelnen Dörfer und der Gemeinde Bienenbüttel insgesamt herzustellen.

Der vorliegende Bericht ist das Ergebnis unterschiedlicher Untersuchungen, die seit September / Oktober 2005 in 6 Monaten erarbeitet und ausgewertet wurden. Dazu gehören

- eine Befahrung der Gemeinde Bienenbüttel unter Berücksichtigung der infrastrukturellen Gegebenheiten, die für ältere Menschen von Bedeutung sein können,
- die Auswertung der bevölkerungsrelevanten Daten zur Anzahl älterer Frauen und Männer,
- eine Telefonbefragung aller in der Gemeinde aktiven Vereine, Parteien, der Ortsvorsteher sowie der sozialen und pflegerischen Hilfe- und Unterstützungseinrichtungen,

♦ 53 qualitative Interviews mit den Experten im persönlichen Bereich, nämlich den Frauen (29) und Männern (24) relevanter Altersstufen ab 55 Jahren (zwischen 56 und 86 Jahren), die über ihre aktuellen Lebens- und Wohnsituationen, ihre Wünsche und Hoffnungen für ihr eigenes Altern in der Gemeinde Bienenbüttel berichtet haben,

♦ 11 Experteninterviews mit Professionellen, nämlich den Fachkräften und Vertretern, die Angebote und Dienstleistungen für alle Mitglieder der Gemeinde und insbesondere für ältere Frauen und Männer bereithalten oder mit ihren Erfahrungen als Arzt, Apotheker oder Ortsvorsteher zu einer Wissensbildung zugunsten der älteren Bevölkerung beitragen können. Diese wurden nach ihren Einschätzungen befragt, wie und in welcher Weise Angebote und Dienstleistungen gestaltet oder initiiert werden könnten, um evtl. altenspezifische Probleme aufzufangen und abzumildern.

Wissen über einen Lebensraum und die hierin Lebenden zu bilden, ist nur mit ihrer aktiven Beteiligung und der Beteiligung aller, die in ehrenamtlicher, fachlicher, professioneller Hinsicht daran mitwirken, möglich. Alles andere wäre Spekulation und wenig hilfreich. Die Bereitschaft, sich in einem hohen Maß an der Untersuchung zu beteiligen, zeigt, dass es sich hier um eine lebendige und aktive Gemeinschaft handelt, die dies auch weiterhin unbedingt sein möchte. Es hat sich gezeigt, dass die Einwohner Bienenbüttels selber diejenigen sind, die durch ihr Mitmachen verantwortlich sind für die Gestaltung ihres Lebensraums. Die Lebensqualität in einer Gemeinde lässt sich nur mit der aktiven Beteiligung ihrer Bewohner feststellen und verbessern.

Im folgenden Kapitel schließen sich Empfehlungen und konkrete Vorschläge an, die in die Gemeinde und die Öffentlichkeit zur Diskussion zurückgegeben werden, um über kurz-, mittel- oder langfristige Realisierungsmöglichkeiten oder Aktivierungspotenziale zu entscheiden.

Die weiteren Kapitel bieten Hintergrundwissen und weiteres Material, auf dem die Empfehlungen basieren sowie Themen, die für die Gemeinde Bienenbüttel in altenspezifischer Hinsicht als besonders bedeutend für die zukünftige Entwicklung angesehen werden.

## 2. Die Zukunft der Gemeinde Bienenbüttel – Das Alter gestaltet die Zukunft:
## Empfehlungen und konkrete Vorschläge zur Diskussion für eine altengerechte Lebensgestaltung

Mit dem vorliegenden Bericht ist in vielerlei Hinsicht Material vorgelegt worden, das der Gemeinde Bienenbüttel und den hier lebenden Frauen und Männern für eine aktive Gestaltung einer „altengerechten" Gemeinde Orientierung bieten kann. Das erhobene Wissen ist eine Grundlage, auf deren Basis eine breite öffentliche Diskussion zu den Empfehlungen und konkreten Vorschlägen, ihrer Realisierung und zu zeitlichen Perspektiven stattfinden kann. Das vorliegende Material gibt dafür Anregungen zur Diskussion in einer möglichst großen Öffentlichkeit.

Je mehr Bürgerinnen und Bürger sich an Diskussionen zu vorgelegten Empfehlungen beteiligen, desto mehr Verwirklichungs-, Verantwortungs- und Gestaltungspotenzial ist gebündelt. „Altenplanung heißt bei alledem nicht Vorlage eines umfassenden Planes. Altenplanung in dem hier verstandenen Sinne beinhaltet die Initiierung von öffentlichen Diskursen, der Begleitung und Steuerung von Planungsprozessen, die Qualifizierung von Entscheidungen, die Sicherstellung der Partizipation (zukünftig) betroffener Bürger/innen und im Ergebnis dann ggf. auch: die Verabschiedung von Einzelplänen und –maßnahmen oder gar eines Gesamtplanes durch die Kommunalparlamente" (Klie u.a. 2002, S. 15).

Die Realisierung von Vorschlägen geht nur unter Beteiligung aller. Da viel an Aktivitätspotenzial in den einzelnen Ortsteilen vorhanden ist, stehen nicht Finanzierungen im Vordergrund, um eine Erhöhung der Lebensqualität zu erreichen, sondern vielmehr Kreativität, Beteiligung möglichst vieler Bürgerinnen und Bürger und Verantwortung für die eigene Dorf- und Lebensgemeinschaft. Unter dem Motto „Das Alter gestaltet die Zukunft: So lebt es sich auch im Alter in der Gemeinde Bienenbüttel gut" beginnt die Zukunft mit den Empfehlungen und konkreten Vorschlägen, die aus der Gemeinde Bienenbüttel über die Forschungen des letzten halben Jahres ermittelt, erhoben und ausgearbeitet wurden.

Dabei ist ein zentrales Ergebnis, dass es für die Lebensqualität im Alter ausschlaggebend ist, jedem und jeder die Möglichkeit zu geben, selbständig und selbstbestimmt alt zu werden. Altern ist ein individueller Prozess, und es gibt keine Lösungen und Wege, die für alle gelten. Es gibt jedoch Wünsche und Vorstellungen, die von vielen gemeinsam gewollt werden.

Es schließen sich Empfehlungen an, die weiterer Diskussionen vor allem in der Öffentlichkeit und einer längerfristigen Planungs- und Realisierungsperspektive bedürfen.

Außerdem werden die konkreten Vorschläge der Bewohner in den einzelnen Dörfern der Gemeinde Bienenbüttel, der in den Vereinen und Verbänden aktiven Bürgerinnen und Bürger sowie der älteren Frauen und Männer, die sich an der Untersuchung beteiligt haben, vorgestellt, von denen die überwiegende Anzahl der an der Forschung Beteiligten denkt, sie müssten für die Erhöhung der Lebensqualität beachtet werden.

## 2.1 Empfehlungen zur Diskussion für alle Bewohner in der Gemeinde Bienenbüttel

Die nachfolgenden Empfehlungen betreffen einige für Altersprozesse bedeutsame Punkte wie z.B. Wohnen, Mobilität, Hilfe- und Pflegebedürftigkeit etc.. Sie sind von den Älteren in der Gemeinde selbst immer wieder thematisiert worden. Diese Empfehlungen sind als Vorschläge zu verstehen, die in der Gemeinde Bienenbüttel und ihren einzelnen Ortsteilen mit der Frage zu diskutieren sind, ob und welche Empfehlungen zur Realisierung kommen könnten.

Der demographische Wandel bedingt die Aufgabe zu lernen, mit dem eigenen Alterungsprozess aktiv umzugehen. Das bedeutet, möglichst nach eigenen Wegen zu suchen, die Lebensqualität im Alter zu sichern und alle daran teilhaben zu lassen. Alle Einwohner in den einzelnen Ortsteilen und in Bienenbüttel sind gemeinsam verantwortlich für die Teilhabe älter werdender Frauen und Männer an Freizeit, Pflege und Versorgung. Zukünftig muss jede öffentliche Entscheidung in Bezug auf die Umgestaltung von Straßen oder Planungen anderer Art die Schaffung auch eines altengerechten Lebensraumes berücksichtigen.

## 2.1.1 Altengerechter Lebensraum

Studien haben gezeigt, dass knapp die Hälfte aller Wege älterer Menschen innerhalb eines Kilometers liegen, also in der näheren Umgebung der Wohnung. Ein weiteres Viertel dieser Wege liegt innerhalb von drei Kilometern. Über die Hälfte dieser Wege legen die Älteren zu Fuß zurück. Die öffentlichen Wege bzw. Gehwege müssen breit genug sein, um auch mit Rollator, Rollstuhl oder Elektromobil bei entsprechendem Gegenverkehr fahren zu können.

Außerdem darf es keine Stolperfallen und Barrieren geben. Auch werden mehr Ruhezonen mit Sitzgelegenheiten für Ältere gefordert. Pausen bei Besorgungen und anderen Aktivitäten, die zu Fuß erledigt werden, wären dann leichter möglich. Insgesamt ist bei Raum- und Verkehrsplanungen zu berücksichtigen, dass die Erhaltung und die Herstellung einer bedarfsgerechten Infrastruktur gefördert wird, vor allem vor dem Hintergrund eines wachsenden Anteils älterer Menschen, damit diese in der Lage sind, so lange wie möglich selbständig und selbstbestimmt leben zu können.

## 2.1.2 Mobilität im Alter

In einigen Orten der Gemeinde Bienenbüttel gibt es Fahrdienste der Kirche oder der Feuerwehr. Ein älterer, nicht mehr mobiler Mensch braucht dort nur anzurufen und wird geholt und wieder nach Hause gebracht. Dies ist eine Art von Nachbarschaftshilfe, die als selbstverständlich angesehen wird.

Dies könnte ein Ausgangspunkt für die Lösung des Mobilitätsproblems sein. Weitere Ideen, die als aktiv gestaltete Nachbarschaftshilfe möglich wären, sind folgende:

- Die Überlegung eines Mitgliedes der Feuerwehr ist die Einrichtung eines Fahrdienstes, der z.B. mit gesponserten Fahrzeugen von der Feuerwehr übernommen wird und günstigere Fahrten als mit dem Bus-

Pendelverkehr anbieten könnte. Die Mitglieder der Feuerwehr wären bereit, solche Fahrdienste zu übernehmen.

♦ In jedem Ortsteil könnte, auch in Verbindung mit einer Vereinstätigkeit, eine Vermittlungsstelle eingerichtet werden, wo regelmäßige Fahrten mobiler Einwohner gebündelt werden mit der Angabe von freien Plätzen, so dass Mitfahrgelegenheiten angeboten werden könnten. Oder es könnten auch unter Zusammenarbeit z.B. mit den Arztpraxen gebündelte Termine für Bewohner eines Ortsteils vereinbart werden, so dass diese dann gemeinsam die eine oder andere Fahrgelegenheit nutzen könnten.

♦ Es könnte auch ein privater Verkehrsverbund gegründet werden, der die Mobilitätsmöglichkeiten aller Bewohner, auch z.B. von Familien mit kleinen Kindern, erhöht. Es ist ja in jedem Dorf so, dass jeder mal auf jeden angewiesen ist. Das ist normal, und würde es etwas durchorganisiert, gäbe es das Mobilitätsproblem weit weniger drastisch. Hinter dieser Einstellung steht die Überlegung, dass die Mobilität über Nachbarschaftshilfe lösbar ist und mit der Bereitschaft, sich gegenseitig zu unterstützen, selbstverständlich sein könnte. Zudem wäre diese Lösung flexibler und kostengünstiger als bisherige Angebote.

♦ Für diejenigen Älteren, die bisher noch mobil sind oder die über ein eigenes Auto verfügen, wäre es innerhalb eines Ortsteils denkbar, „Car-Sharing" einzuführen. Die Kosten für den Betrieb und Unterhalt eines Autos steigen, vor allem auch mit steigenden Benzinkosten, wobei die Autos gar nicht mehr jeden Tag genutzt werden. Würde ein Auto von mehreren in der Nachbarschaft geteilt, könnten Kosten eingespart werden, und jeder könnte das Auto benutzen. Im Fall einer Krankheit wäre vielleicht auch jemand aus der „Car-Sharing"-Runde bereit, den anderen zum Arzt oder zur Apotheke zu fahren.

Den Bewohnern der stationären Einrichtungen der Altenpflege in der Gemeinde Bienenbüttel stellt sich das Mobilitätsproblem nicht im bisherigen Sinn. Die Fachkräfte und Professionellen dieser Einrichtungen bieten ihnen nämlich an, sie bei Bedarf in das nächste Dorf oder nach Bienenbüttel zu fahren. Doch auch hier würde eine Möglichkeit begrüßt, durch die diese Älteren selbständig und selbstbestimmt nach Bienenbüttel kommen könnten. Die Einrichtungen wären damit auch besser als bisher an das Dorfleben angeschlossen und nicht so „außen vor", wie es sich durch ihre räumliche Lage bisher ergibt.

Das mit der mangelnden Mobilität verbundene Versorgungsproblem könnte durch „mobile Händler", die in die Orte kommen, entschärft werden. Dieses Angebot, Nahrungsmittel oder auch fahrende Büchereien zu den Menschen zu bringen, ist jedoch sehr kostenintensiv. Eine weitere Möglichkeit könnte ein Bring-Service der größeren Einkaufsmärkte sein, die einmal pro Woche die Einkäufe zu denjenigen bringen, die nicht mehr mobil sind. Dagegen ist jedoch einzuwenden, dass die Älteren dann noch weniger als bisher vor die Tür kämen und die selbstverständlichen sozialen Kontakte, die mit dem Einkaufen verbunden sind, u.U. wegfielen.

### 2.1.3 Wohnen im Alter

Der weitaus größte Teil der älteren Menschen möchte am liebsten in der eigenen Häuslichkeit alt werden und sterben. Die meisten haben sich bisher nicht mit dem Fall einer eventuell eintretenden Hilfe- und Pflegebedürftigkeit auseinandergesetzt. Es besteht höchstens die Vorstellung, wenn diese eintritt, ambulante Pflegedienste und andere Hilfen wie Mittagsdienste allmählich nach Bedarf in Anspruch zu nehmen. Der Gedanke der Hilfsbedürftigkeit wird jedoch im allgemeinen beiseite geschoben und nach dem Motto behandelt: Wenn es gar nicht mehr zu Haus geht, muss eben das Pflegeheim als letzter Ort im Leben in Kauf genommen werden.

Nur ein kleiner Teil der befragten älteren Menschen kann sich vorstellen, in Seniorenwohnungen oder andere betreute Wohnformen umzuziehen, wenn diese zentral in Bienenbüttel liegen, so dass die gesamte Infrastruktur zu Fuß erreichbar und so die Teilhabe am gesellschaftlichen und sozialen Leben selbständig möglich ist. Senioren-Wohngemeinschaften, also Formen gemeinschaftlichen Lebens, sind ebenso für einen Teil der Älteren vorstellbar.

Mit dem Wunsch, in der eigenen Häuslichkeit zu bleiben, wird u.U. eine seniorengerechte Umgestaltung der Wohnung oder des Hauses erforderlich. Mögliche Ansatzpunkte für eine seniorenorientierte Gestaltung bieten nicht nur Geräte, Einrichtungsgegenstände und Installationen selbst, sondern auch deren Anordnung im Innenbereich über die Gesamtarchitektur der Wohnung bis hin zur Wohnumfeldgestaltung (vgl. Hilbert u.a. 2004). Letzteres wird zu einer zentralen Gestaltungsaufgabe der kommunalen Politik, indem es darum gehen wird, zukünftig selbstverständlich kontinuierlich ein altengerechtes und barrierefreies Umfeld zu denken und zu gestalten.

In Bezug auf die eigene Häuslichkeit eröffnen sich viele Gestaltungsmöglichkeiten: Barrieren, Stolperfallen und Ausrutschmöglichkeiten müssen beseitigt werden, Bäder sollten breiter und schwellenarm gestaltet sein und mit zusätzlichen Haltegriffen und Stützmöglichkeiten ausgestattet werden. Intelligente Haustechnik kann ebenfalls dazu beitragen, besser in der eigenen Häuslichkeit zu altern trotz eingeschränkter Mobilität oder abnehmender Kräfte, indem eine intelligente Haustechnik eingesetzt wird, welche die Alltagsorganisation erleichtert, wie z.B.

- Fernbedienungen, durch die Wege eingespart werden können,
- automatisierte Technik, die Risiken, die durch elektrische Geräte entstehen können, ausschließt,
- moderne Computertechnologie, die ein „intelligentes Haus" ermöglicht (vgl. Weinkopf 2005) und einen Großteil der Wohnungssteuerung übernimmt,
- Sicherheitstechnologien, mit denen weitere Hilfen und Unterstützungsleistungen entwickelt werden könnten, wie z.B. die schon vorhandenen Rufsysteme oder Lichtmelder,
- Hilfen in Form von akustischen Signalen für Sehbeeinträchtigte und optischen Orientierungsmöglichkeiten für Hörbeeinträchtigte sowie Ge-

dächtnishilfen, die z.B. an die Einnahme von Tabletten erinnern (vgl. Hilbert u.a. 2004).

Im Bereich der Informations-, Kommunikations- und Sicherheitstechnologien ist schon vieles entwickelt worden, und es gibt noch Möglichkeiten für neue Entwicklungen, die dazu beitragen können, die Lebensqualität älterer Menschen in der eigenen Häuslichkeit zu erhalten und zu stabilisieren. Bisher wird dieser Bereich jedoch von der Wirtschaft noch nicht als ausreichend gewinnbringend eingeschätzt. Hilbert u.a. betonen, dass vor allem das technisch Machbare im Vordergrund steht und zu wenig, was ältere Menschen wünschen und was ihren Alltag zu vertretbaren Kosten schnell und nachhaltig erleichtert. Darüber hinaus gelten viele dieser Produkte als Komfortausstattung, sind zudem wenig bekannt und nachgefragt, so dass ihre Marktdurchdringung aufgrund von Unkenntnis und hoher Preise bisher noch nicht erfolgt ist (vgl. Hilbert u.a. 2004).

Für ein möglichst langes selbständiges und selbstbestimmtes Leben in eigener Häuslichkeit können haushaltsnahe Dienstleistungen einen wesentlichen Anteil beitragen. Befragungen haben gezeigt, dass Ältere Unterstützung bei folgenden Tätigkeiten brauchen könnten oder folgende Angebote für hilfreich hielten:

- im gesundheitlichen und pflegerischen Bereich: Notrufzentrale, Pflegedienste, Begleitung zum Arzt und zu Behörden,

- im Haushalt: Putz- und Haushaltshilfen, Mahlzeiten-, Einkaufs- und Wäschedienste,
- im Umfeld des Hauses oder der Wohnung: kleinere handwerkliche Tätigkeiten, Reparaturdienste, Gartenarbeiten, Winterdienst, Erfüllung der Hausordnung,
- im Umgang mit dem „öffentlichen" Leben: Hilfe bei Finanzangelegenheiten, Unterstützung beim Ausfüllen von Formularen, Beratungsstellen, Begleitung zu Behörden,
- die Mobilität betreffend: Fahrdienste (vgl. Weinkopf 2005).

Es wird deutlich, dass beim Wohnen in der eigenen Häuslichkeit Aufgaben, die selbstverständlich zur Organisation eines erwachsenen und unabhängigen Lebens gehören, in vielerlei Hinsicht mit zunehmendem Alter beschwerlich werden können und Unterstützung erfordern. Die Liste verdeutlicht, dass es in diesen Bereichen Hilfsbedarf gibt, und es ist zu überlegen, ob, wie und welche Hilfeleistungen eventuell informell organisiert werden könnten und bei welchen haushaltsnahen Dienstleistungen diese unbedingt von Fachkräften erbracht werden müssten, um die Lebensqualität Älterer zu sichern.

Seniorenwohnungen oder betreute Wohnformen werden als mögliche Wohnformen benannt, wenn sie unterschiedliche Bedingungen erfüllen: Seniorenwohnungen, Einrichtungen betreuten Wohnens sowie evtl. auch gemeinschaftliche Wohnformen müssten zentral in Bienenbüttel gelegen sein, so dass die gesamte Infrastruktur zu Fuß erreichbar und so die Teilhabe am gesellschaftlichen und sozialen Leben selbständig möglich wäre. Mit evtl. zunehmender Hilfe- und Pflegebedürftigkeit würden ambulante Pflegedienste und andere Hilfen wie Mittagsdienste allmählich nach Bedarf hinzukommen. Eine weitere zentrale Bedingung ist die Bezahlbarkeit. Mit dem Wohnangebot für ältere Menschen könnte auch die Einrichtung einer Begegnungsstätte oder eines Service-Zentrums für ältere Menschen geplant werden mit weiteren altersspezifischen Angeboten wie z.B. einer Tagesstätte oder einem Mittagstisch für Ältere aus der Umgebung.

Senioren-Wohngemeinschaften werden ebenso als zukünftige Wohn- und Lebensform gedacht. Es werden unterschiedliche Ortslagen vorgeschlagen, eine Senioren-Wohngemeinschaft könnte in zentraler Lage in Bienenbüttel entstehen, aber auch die Dörfer werden als idealer Ort gesehen. Da könnte ein Resthof die ideale Größe haben und ausreichend Räumlichkeiten für eine Gruppe von Älteren bieten, die gemeinsam aktiv ihren Lebensabend gestalten wollen und bei Bedarf auf Unterstützung von Hilfe- und Pflegediensten oder anderen Modellen zurückgreifen könnten.

Für alternative Wohnformen wie gemeinschaftliches Wohnen in betreuten Wohnformen oder auch Mehrgenerationenwohnen oder altersgleiches Wohnen in Gemeinschaft ist grundlegende Bedingung, dass sich Menschen finden, die sich schon frühzeitig zu einer Veränderung ihrer Wohnsituation entschließen, wenn später das Prinzip gegenseitiger Hilfe und Unterstützung im Alltag funktionieren soll. Sie müssen sich auch im Vorfeld damit auseinandersetzen, wie, wo und in welcher Form Nähe, Distanz, gegenseitige Hilfe- und Unterstützungsleistungen gelebt werden sollen.

### 2.1.4 Hilfe- und Pflegebedürftigkeit im Alter

Für die Gemeinde Bienenbüttel ist das Wissen von besonderer Bedeutung, dass ihre Bewohner bevorzugt zu Hause leben und sterben wollen. Dafür wird noch einmal genauer zu betrachten sein, welche medizinischen, pflegerischen und sozialen Netzwerke hierfür bereitstehen müssen.

Weiterhin bedeutet dies, in der Gemeinde Bienenbüttel die Erfordernisse zu analysieren, die bei Hilfe- und Pflegebedürftigkeit in der eigenen Häuslichkeit notwendig sind. Grundlage ist in den meisten Fällen ein Mix aus ambulanter Pflege und ehrenamtlicher Hilfe und Pflege von Angehörigen und Nachbarn. Dazu könnten u.a. folgende Angebote notwendig sein oder unterstützend eingesetzt werden:

- Beratungsangebote über Vorsorge und Pflege; Sozialberatung; Wohnraumanpassungsberatung,
- Angehörigenarbeit,
- Kurse für Angehörige und andere Ehrenamtliche über Pflege, Krankheitsbilder, den Umgang mit Hilfe- und Pflegebedürftigen,
- Vernetzung von Pflegenden, um sich gegenseitig zu entlasten,

- die Organisation von Kurzzeit- oder Tagespflege mit einer stationären Einrichtung, „Sitterdienste" für Pflegebedürftige,
- Fahrdienste,
- Haustechnik und technische Hilfsmittel (siehe Wohnen im Alter) wie z.B. Hausnotruf, Medikamentenanruf sowie Kontaktanrufe,
- Hilfen zur Kontaktpflege wie z.B. Spaziergänge, Ausflüge und gemeinsamer Besuch von Veranstaltungen oder Besuchsdienste etc.

könnten dazu beitragen, Hilfe- und Pflegebedürftigkeit in der eigenen Häuslichkeit lebbar zu machen.

Für die vorhandenen zwei ambulanten und zwei stationären Pflegeangebote in der Gemeinde Bienenbüttel könnte es von Interesse sein, Kurse für Angehörige oder das eine oder andere Angebot der Beratung zu konzipieren oder zu veranstalten, vielleicht auch Angebote der Tages- bzw. Kurzeitpflege bereitzustellen, so dass ein Pflege-Netzwerk aus häuslicher und professioneller Pflege die Lebensqualität der zu Pflegenden und der Pflegenden gleichermaßen gewährleistet.

### 2.1.5 Anbieter professioneller Dienstleistungen und deren Einschätzungen

Im Rahmen der Untersuchung wurden in der Gemeinde Bienenbüttel auch alle Dienstleistungsanbieter befragt, die entweder ausschließlich Angebote für Ältere gestalten wie z.B. die ambulanten und stationären Dienste oder

der Seniorenbeirat und diejenigen, die Beratungen, Hilfen oder Unterstützungen für alle, also auch für ältere Menschen, anbieten, wie z.B. das DRK, das Diakonische Werk, der Sozialverband SoVD, die Ärzte und der Apotheker.

Von vielen in der Bevölkerung wird gesehen, dass es für gegenseitige Hilfestellungen viel Potenzial gibt, das jedoch bisher noch nicht genügend entwickelt ist. Eine Gemeinde lebt davon, dass sich die Menschen selbst einbringen in das gemeinschaftliche Leben der einzelnen Menschen und der Generationen. Es wird auch von Anbietern professioneller Dienste so eingeschätzt, dass sich alle Bürger mehr einbringen könnten, um ihre Gemeinde noch lebens- oder liebenswerter zu gestalten. Die Verantwortung für die Gestaltung des Lebens liegt bei allen in der Gemeinde und muss noch weiter entwickelt werden.

Ein Beispiel aus dem Feuerwehrumfeld für eine generationenübergreifende Lebensgestaltung könnte Folgendes sein: Gleichzeitig mit der Alarmierung für einen Einsatz könnten auch Senioren informiert werden, die auf die Kinder der im Einsatz Tätigen aufpassen. Durch solche Generationenvereinbarungen könnte eine organisierte Nachbarschaftshilfe mit gegenseitiger Verantwortung entstehen, die das Leben vereinfachen und gleichzeitig wertvoller machen würde. So könnte auch einer eventuellen Vereinsamung durch Isolation oder Rückzug aufgrund von Verwitwung entgegengewirkt werden.

Eine ähnliche Idee zielt auch auf eine zukünftige Lebensgestaltung, die zugleich generationsübergreifend und bedürfnisorientiert ist. Es gibt vielfältige Kompetenzen der verschiedenen Generationen, die als gegenseitige Ergänzung zur Verbesserung der Lebensqualität im ländlichen Raum führen können. Es könnte zum Beispiel ein Familienzentrum oder ein Zentrum der Generationen gegründet werden, in dem die Versorgung und Betreuung älterer und junger Menschen gemeinsam stattfindet oder wo ältere Menschen in die Kinderbetreuung einbezogen werden. Außerdem ist darüber nachzudenken, ob nicht vielleicht gemeinsame Angebote wie ein Mittagstisch für ältere Menschen in der Kindertagesstätte eingerichtet werden könnten o. ä.. In der Schweiz gibt es schon Einrichtungen, wo Kindereinrichtungen und Altenheime zusammen in einem Gebäude untergebracht sind. Kinder und ältere Menschen unternehmen Gemeinsames im Tagesablauf wie z.B. gemeinsames Essen oder gemeinsames Lesen.

Für den ambulanten und stationären Pflegebereich wird positiv hervorgehoben, dass beides von einem Anbieter abgedeckt wird, so dass eine flexible Gestaltung zwischen ambulanter und stationärer Hilfe möglich ist. Soziale Bedürfnisse können dabei nach wie vor beinahe nur von Angehörigen erfüllt werden, denn die ambulanten Dienste können das mit ihrer Struktur nach Zeitvorgaben nicht leisten. Die Entwicklung der stationären Einrichtungen muss weiter beobachtet werden, da es nach professioneller Einschätzung in Zukunft zu Veränderungen bei der Finanzierungen von Leistungen kommen wird. Es könnte dazu kommen, dass tatsächlich mehr zu Hause gepflegt wird aufgrund der steigenden Kosten im stationären Bereich oder wenn bestimmte Leistungen der Pflege nicht mehr bezahlt würden. Insgesamt ist eine größere Zusammenarbeit zwischen den Anbietern altersspezifischer Dienstleistungen wünschenswert, um optimale Bedingungen für ältere Menschen in einem Lebensraum zu schaffen. Gezielte Kooperationen müssten neu durchdacht und entsprechend auch durchgeführt werden.

In der Apotheke ist das Angebot für Ältere, nach eigenen Aussagen, sehr umfangreich, und es wird eine intensive Beratung angeboten, auch in Bezug auf Hilfestellungen, die bei Bettlägerigkeit nötig sind. Die Apotheke übernimmt damit auch Marktbereiche, für die sonst ein Sanitätshaus zuständig wäre. So kann auf Nachfrage vieles möglich gemacht oder organisiert werden, und mit einem Tag Wartezeit können auch Dinge besorgt werden, für die man sonst in die nächste Stadt fahren müsste.

Das Beispiel des Apothekers könnte auch von anderen in Bienenbüttel ansässigen Geschäften in Bezug auf Beratung oder Bringdienste aufgenommen werden, vielleicht auch unter Zuhilfenahme aktueller Medien wie z.B. dem Telefon oder dem Internet, mit denen ältere Menschen Bestellungen aufgeben oder anfragen könnten.

Der Bedarf nach Beratung nur für ältere Menschen wird zunehmen, da das bisherige Angebot nicht ausreichend ist. In unregelmäßigen Abständen bietet die Apotheke Vorträge an, in denen Informationen über die Lebensgestaltung im Alter und in Hinblick auf Gesundheit gegeben werden. Das Angebot wird zwar schon angenommen, doch es könnten sich noch mehr dafür interessieren. Vorträge, die mit in Bienenbüttel ansässigen Vereinen gemeinsam veranstaltet werden, kommen bei der Bevölkerung sehr gut an.

Es gibt in Bienenbüttel eine allgemeine Sozialberatung, die vom Diakonischen Werk Uelzen und vom Sozialverband SoVD in Form regelmäßiger Sprechstunden im Monat angeboten wird. Dort findet allgemeine und Rechtsberatung und die Vermittlung von Diensten statt.

Ein solches allgemeines soziales Beratungsangebot für ältere Menschen sollte intensiviert werden, sowohl qualitativ mit mehr Beratung rund um den Alternsprozess als auch quantitativ und lokal in allen Ortsteilen der Gemeinde Bienenbüttel. Die Beratungsangebote müssten auch stärker nach unterschiedlichen Lebenslagen differenziert werden, nämlich vom Übergang in den Ruhestand bis hin zu dem Hilfe- und Unterstützungsbedarf Menschen höheren Alters. Dabei müssen die dezentralen Angebote ausgebaut werden, denn mit dem Beratungsangebot in Bienenbüttel wird kaum jemand aus den umliegenden Ortsteilen angesprochen, was wiederum auch ein Problem der Mobilität ist.

## 2.1.6 Finanzierbarkeit

Viele der befragten Älteren haben bei ihren Wünschen und Hoffnungen für das Altern jeweils hervorgehoben, dass sie sich wünschten, nicht hilfe- und pflegebedürftig zu werden, mit dem Zusatz, dass sie übermäßige finanzielle Belastungen auch nicht über einen längeren Zeitraum durchhalten könnten. Die meisten verfügen zwar über ein ausreichendes Einkommen bzw. eine ausreichende Rente, die jedoch monatlich kalkuliert werden muss und für höhere Ausgaben in der Regel nicht ausreicht.

Dies wird von Dienstleistungsanbietern und Fachkräften in der Gemeinde Bienenbüttel bestätigt. Die älteren Menschen verfügen nicht über große Reserven, so dass zusätzliche Ausgaben, auch im Falle einer Krankheit, das Budget belasten. Es wird zukünftig darauf zu achten sein, dass ältere Menschen, die sich das eine oder andere Angebot nicht leisten können, nicht aus der Gemeinschaft ausgeschlossen werden. Da kommt es vor allem auch auf die Hilfe und Unterstützung der Dorfgemeinschaft an, mit ehrenamtlichen und bürgerschaftlichen Engagements Lösungen zu finden. Demente wie auch ärmere ältere Menschen werden von Professionellen als die zukünftigen Problemgruppen der Gemeinde Bienenbüttel eingeschätzt.

Oder anders: Zu wenig Geld, zu wenig Mobilität, zu wenig Versorgung und zu wenige Informationen über Themen wie z.B. Ansprüche, Vorsorgevollmachten und Patientenverfügungen etc. können Alterungsprozesse auf dem Land zu einer Gefährdung des eigenen Lebens werden lassen.

## 2.2   Konkrete Vorschläge und Wünsche der Bewohner zur Veränderung der Dörfer in der Gemeinde Bienenbüttel

Während der Befragungen und Interviews wurden vielfältige unterschiedliche Anmerkungen zu den Lebenssituationen und Vorschläge zu Veränderungen in den einzelnen Dörfer gemacht, die selbstverständlich aufgegriffen wurden, weil sie für die Entwicklungsprozesse der Dörfer hilfreich sein könnten.

Die Einwohner der einzelnen Dörfer und Orte leben dort gerne und sind auch aktiv. Das lässt sich vor allem auch an den Auswertungsergebnissen der Interviews und dem Interesse Einzelner an den Gegebenheiten und Veränderungspotenzialen, die sie in den Dörfern sehen, erkennen. Potenziale der Bewohner sind massenhaft vorhanden und sollten aktiviert werden, denn jede und jeder Einzelne hat eine Vielzahl an Ideen, welche die subjektive Lebensqualität erhöhen könnten.

Im Folgenden werden diese Ideen präsentiert, damit all das erhobene Wissen über eventuell zu überdenkende Veränderungen nutzbar gemacht werden kann. Es wurden konkrete Wünsche und Anregungen für die Bereiche „Verkehr, Straßen und Mobilität", „Infrastruktur und Versorgung", „Hilfe und Pflege alter Menschen" sowie „Vereinsarbeit" von den Bewohnern geäußert.

## 2.2.1 Verkehr, Straßen, Mobilität

- Die Dorferneuerung ist gelungen, da auf die Bedürfnisse der Bürgerinnen und Bürger eingegangen worden ist.

- Die Natur um Bienenbüttel und das Landschaftsschutzgebiet müssen unbedingt erhalten bleiben.

- Die Bahnhofstraße muss attraktiver werden.

- Beim kommunalen Straßenbau entstehen zu hohe Kosten für Anlieger (besonders für Landwirte mit großen Flächen).

- Es besteht der Wunsch nach einem Bringdienst für Einkäufe.

- Die Verkehrssituation könnte verbessert werden, z.B. fehlen Ampeln und Zebrastreifen, Straßen sind unübersichtlich, was die Verkehrssicherheit erheblich beeinträchtigt.

- Es fehlen Parkplätze in Bienenbüttel.

- Es fehlen insbesondere zwischen den Ortsteilen und Bienenbüttel Radfahrwege.

- Die Fußwege müssten verbessert werden, da viele Stolperfallen.

- Bordsteine müssen abgesenkt werden, und ein weiterer Zebrastreifen in der Bahnhofstrasse in Bienenbüttel ist notwendig.

- Die Straßen sind zum Teil in einem schlechten Zustand, ohne Gehwege und Laternen.

- Die Kosten für den bestehenden Fahrdienst sind zu hoch.

- Es gibt keine flexible Verbindung zwischen den Ortsteilen und Bienenbüttel.

## 2.2.2  Infrastruktur und Versorgung:„Es gibt ja eigentlich alles, aber...“

◆ In den Ortsteilen fehlen Einkaufsmöglichkeiten.

◆ Es sollten sich noch mehr Gewerbetreibende ansiedeln, vor allem um das Einzelhandelsangebot zu verbessern.

◆ Ein Gemüsegeschäft, ein Krims-Krams-Laden, ein Café und Restaurants wie z.B. ein griechisches oder italienisches fehlen in Bienenbüttel.

◆ Es gibt einen Bringservice des Edeka Marktes in Verbindung mit einem Taxi-Unternehmen. Es wäre darüber nachzudenken, wie dieser Lieferservice mit anderen Geschäften verbunden werden könnte.

◆ Ein Augen- und ein Hals-Nasen-Ohrenarzt fehlen in Bienenbüttel, bisher gibt es diese nur in Bad Bevensen, Lüneburg oder Uelzen.

◆ Ein Haushaltswarengeschäft oder Baumarkt wären sinnvoll für Bienenbüttel.

◆ Die Übernachtungsmöglichkeiten in Bienenbüttel gefallen Besuchern von Angehörigen in den stationären Einrichtungen oft nicht, deswegen bleiben sie nicht länger.

◆ An Veranstaltungen wie Skat- oder Knobelabend sollten auch die Älteren beteiligt werden, so dass Ältere und Jüngere generationenübergreifend etwas gemeinsam tun.

### 2.2.3  Hilfe und Pflege alter Menschen

◆ Es gibt zu wenig ambulante Pflegeangebote in der Gemeinde Bienenbüttel.

◆ Es werden bezahlbare seniorengerechte Wohnungen und betreute Wohnformen vermisst. Diese sollten direkt in Bienenbüttel liegen.

◆ Es sollte ein Alters- und Pflegeheim gebaut werden, das direkt in Bienenbüttel liegt, so dass die Infrastruktur zu Fuß erreichbar ist und das Leben auf der Straße beobachtet werden kann. Damit ist die Vorstellung verbunden, weiterhin am gesellschaftlichen Leben in Bienenbüttel teilhaben zu können.

### 2.2.4  Vereinsarbeit

◆ Die Bienenbütteler sollten Veranstaltungen in ihrer Gemeinde stärker wahrnehmen, anstatt dafür in die Stadt zu fahren.

◆ Es besteht der Wunsch nach besserer Zusammenarbeit zwischen den verschiedenen Schützenvereinen.

◆ Es wurde auch der Vorschlag gemacht, die verschiedenen Schützenvereine zu einem gemeinsamen Verein zu verbinden.

◆ Ein großer Sportplatz mit einer 400m Rundbahn fehlt.

◆ Das kulturelle Angebot reicht für die vielen unterschiedlichen Bedürfnisse nicht aus.

◆ Es besteht der Wunsch, dass die vorhandene Minigolfanlage stärker genutzt wird.

Es hat sich gezeigt, dass sich die Vorschläge auf sehr unterschiedliche Bereiche beziehen. Das macht die unterschiedlichen Interessenlagen der Bewohner der Ortsteile in der Gemeinde Bienenbüttel deutlich. Darüber hinaus
zeigt sich daran das Interesse, das die Bevölkerung nach Weiterentwicklung
und Gestaltung der eigenen Dörfer hat.

Im Folgenden geht es darum, die Entwicklung der Gemeinde Bienenbüttel
und ihre Gegebenheiten darzustellen sowie die Verbindung der demographischen Zahlen mit den infrastrukturellen Bedingungen herzustellen, da erst
durch eine dichte Beschreibung (vgl. Geertz 1992) die notwendigen Entwicklungen für einen altengerechten Lebensraum nachvollziehbar werden.


## 3. Zahlen, Daten, Fakten der Gemeinde Bienenbüttel und ihre Bedeutungen für das Älterwerden

Die Gemeinde Bienenbüttel in ihrer heutigen kommunalen Struktur ist ein
Ergebnis der Gebietsreform im Jahr 1972. Es entstand die Gemeinde Bienenbüttel mit 15 Orten, die nach Größe, Lage und historischer Entwicklung
sehr unterschiedlich sind und zudem aus Gebieten vormals zweier Landkrei-
se, Lüneburg und Uelzen, zusammengefügt wurden. Von Bedeutung ist diese Gebietsreform für das Altern insofern, als es sowohl in der Stadt als auch
auf dem Land historisch gewachsene räumliche Verbindungen gibt, die wie-

derum die Verbindungen der Menschen zueinander geprägt haben, zumal solche räumlichen Strukturen u.U. in vielen Jahrhunderten gemeinsamen Lebens und Arbeitens entstanden sind.

Dies gilt insbesondere für die Orts- und Dorfgemeinschaften auf dem Land und für die Verbindungen zwischen den Dörfern. Auch Wanderungsbewegungen, Zuzüge und Abwanderungen haben die Struktur der verschiedenen Dorfgemeinschaften bestimmt. Es gibt Familien, die seit vielen Generationen denselben Hof bewirtschaften, oder Familien, die erst mit den Flüchtlingswellen nach dem 2. Weltkrieg in die Dörfer kamen, einige Zeit das Dorfleben beeinflussten und dann weiter zogen oder blieben, um sich eine neue Existenz aufzubauen.

Durch die Ausschreibung und Bebauung von Neubaugebieten seit den 70er Jahren des 20. Jahrhunderts veränderten sich die Dörfer in ihren Strukturen, wurden größer, und neue Infrastrukturen kamen hinzu. Die vielen neu zugezogenen Familien beeinflussten und veränderten die gewachsenen Strukturen des Dorflebens weithin. Diese Entwicklung, dass Familien in Neubaugebieten auf dem Land Häuser bauen, ansässig werden und damit weitere Strukturveränderungen der Dörfer nach sich ziehen, hält bis heute an.

Der Arbeitskreis zur Geschichte Bienenbüttels hat in seiner Veröffentlichung anlässlich der Tausendjahrfeier der Gemeinde im Jahr 2004 eine Übersicht zu Vergangenheit und Gegenwart herausgegeben, welche die historischen Wendepunkte der Gemeinde und ihrer einzelnen Dörfer kennzeichnet.

Einige dieser Entwicklungen sind für die vorliegende Untersuchung bedeutsam, da historische Ereignisse und ihre Folgen Einfluss auf das Leben gewachsener Dorfstrukturen und die dort lebenden Menschen haben, deren Lebensbedingungen sich durch diese Ereignisse verändern. Einige haben bis heute Auswirkungen auf die Dorfstrukturen und somit auch auf das Zusammenleben der Bewohner und selbstverständlich auch auf Prozesse des Alterns in der Gemeinde Bienenbüttel. Dazu gehören z.B. die nach 1945 in allen Dörfern vorübergehend oder dauerhaft angesiedelten Flüchtlinge und Vertriebenen, welche die bis dahin bestehenden Dorfstrukturen vollkommen überfordert haben müssen, wie die Bevölkerungszahlen verdeutlichen.

Tabelle 1: Einwohnerzahlen 1932, 1949/1950 und 2004

| Ortsteil | Einwohnerzahlen und Anteil der Flüchtlinge ( ) | | |
|---|---|---|---|
| | 1932 | 1949/1950 | 2004 |
| **Bienenbüttel** | 600 | 1227 (866) | 2793 |
| **Bargdorf** | 96 | 212 (95) | 288 |
| **Beverbeck mit Grünewald** | 160 | 309 (108) | 177 |
| **Bornsen** | 120 | 299 (129) | 89 |
| **Edendorf mit Solchstorf** | 243 | 600 (292) | 330 |
| **Eitzen I** | 158 | 397 (216) | 193 |
| **Grünhagen** | 97 | 220 (84) | 299 |
| **Hohenbostel** | 188 | 330 (151) | 798 |
| **Hohnstorf** | 230 | 452 (197) | 220 |
| **Niendorf** | 68 | 143 (67) | 102 |
| **Rieste** | 129 | 308 (131) | 225 |

| Steddorf | 231 | 433 (206) | 789 |
| Varendorf | 181 | 322 (147) | 105 |
| Wichmannsburg | 151 | 351 (161) | 473 |
| Wulfstorf | 50 | 156 (98) | 84 |
| **Gesamt** | **2702** | **5759 (2948)** | **6965** |

(Quelle: Arbeitskreis zur Geschichte Bienenbüttels 2004)

Die Übersicht illustriert die Veränderung der Dorfstrukturen seit 1932 und zeigt, dass es sehr viele Bevölkerungsbewegungen, bedingt durch die Flüchtlingsströme nach dem Ende des 2. Weltkriegs, gegeben hat. Für den vorliegenden Zusammenhang in Bezug auf Alternsprozesse in der Gemeinde Bienenbüttel ist dies von Bedeutung. Innerhalb kurzer Zeit wuchsen die Dörfer auf mindestens das Doppelte der bisherigen Bevölkerung an mit allen Konsequenzen der Unterbringung, der Versorgung, des Zusammenlebens etc.. Die teilweise danach folgenden Abwanderungen, vor allem aber die dauerhafte Ansiedlung von Frauen und Männern aus anderen Gebieten Deutschlands bewirkten eine Umstrukturierung der Dorfgemeinschaften.

Viele ältere Menschen werden sich an diese Zeit noch erinnern, als in den einzelnen Dörfern plötzlich mehr als doppelt so viele Menschen lebten. Die Bevölkerungszahlen von 1949/1950 zeigen die Vergrößerung der einzelnen Dörfer. Die erste Zahl bezieht sich auf die Gesamtzahl der Bewohner einschließlich der Flüchtlinge in den Dörfern der Gemeinde. Die zweite Zahl in Klammern gibt die Anzahl der Flüchtlinge in den einzelnen Dörfern wieder. Daran zeigt sich, welchen großen Bevölkerungszuwachs die einzelnen Dörfer innerhalb einer kurzen Zeit erlebten. Es dauerte bis weit in die 50er Jahre des letzten Jahrhunderts, bis die Menschen sich entweder in den Dörfern endgültig niederließen oder weiter zogen und woanders ein neues zu Hause fanden und die akute Notsituation sich entspannte. Die Dörfer veränderten sich im Hinblick auf die Anzahl und Struktur der Bevölkerung durch die Flüchtlingsströme längerfristig.

Während nach dem Abschwellen bzw. Weiterzug des Flüchtlingsstroms in Dörfern wie Beverbeck, Bornsen, Hohnstorf und Varendorf die Einwohnerzahlen im Jahre 2004 wieder bei denen des Jahres 1932 oder sogar darunter lagen, vergrößerten sich in Bienenbüttel, Bargdorf, Edendorf, Grünhagen, Hohenbostel, Niendorf, Rieste, Steddorf, Wichmannsburg und Wulfstorf die Einwohnerzahlen von 1932 bis 2004 um das Anderthalb- bis Viereinhalbfache. Dort blieben offenbar nicht nur die meisten Flüchtlinge, sondern es zogen nach 1950 auch noch viele Menschen zu. In Bienenbüttel, wo die Einwohnerzahl in dieser Zeit von 600 auf 2793 wuchs, entstanden zahlreiche neue Wohnsiedlungen wie z.B. am Küsterberg, an der Hohnstorfer Straße, auf der Wilhelmshöhe oder in der Heinrichstraße (vgl. Arbeitskreis zur Geschichte Bienenbüttels 2004).

Alle diese Dörfer haben – wie sich in der Veröffentlichung des Arbeitskreises zur Geschichte Bienenbüttels nachlesen lässt - eine lange, überwiegend landwirtschaftlich geprägte Geschichte und Tradition. Dies hat auch Auswirkungen auf die Bedingungen des Alterns auf dem Land. Altern auf dem Land ist häufig mit der idyllischen Vorstellung verbunden, jeder ältere Mensch sei noch in seinen familiären Zusammenhang eingebunden und würde liebevoll gepflegt und umsorgt von seinen Kindern oder Schwiegerkindern.

Dabei wird übersehen, dass diese Vorstellung überholt ist. So leben heute viele der alteingesessenen älteren Menschen auf viel zu großen Höfen, alleine oder zu zweit und ohne irgendeine weitere Familienanbindung. Dennoch gibt es auch Familien, in denen die Älteren in Großfamilienverbänden bzw. auf dem Altenteil versorgt werden.

Seit 1949/1950 haben sich die Bevölkerungszahlen in den einzelnen Dörfern der Gemeinde noch einmal deutlich verändert. Am deutlichsten ist diese Entwicklung wiederum in Bienenbüttel selbst zu beobachten. Seit 1950 hat sich die Bevölkerung in Bienenbüttel mehr als verdoppelt. 1950 lebten 1227 Männer und Frauen in Bienenbüttel, 2004 waren es 2793 Männer und Frauen. Der AK zur Geschichte Bienenbüttels fasst dieses Phänomen zusammen: „In späteren Jahren wurde diese Bautätigkeit in Form geschlossener Siedlungen wegen des starken Zuzugs und des großen Interesses Bauwilliger fortgeführt mit neuen Wohngebieten am Vierenbachsweg, Kräutergarten, Pastorenkoppel und Eitzer Kirchsteig sowie am Paschberg" (Arbeitskreis zur Geschichte Bienenbüttels 2004, S. 31).

Weitere starke Zuzüge seit 1949/1950 bis 2004 sind auffällig in den Orten Bargdorf, Grünhagen, Hohenbostel, Steddorf und Wichmannsburg, was zur Konsequenz hatte, dass sich dort die bis dahin überwiegend ländlich und landwirtschaftlich geprägten Dorfstrukturen aufgelöst haben und eine Vielfalt unterschiedlicher Menschen mit unterschiedlichen Bedürfnissen und Hintergründen die weitere Entwicklung dieser Orte bestimmt.

Die Bevölkerung in den Dörfern Beverbeck mit Grünewald, Edendorf mit Solchstorf, Eitzen I, Niendorf, Rieste und Wulfstorf hat 2004 ebenfalls Zuwächse zu verzeichnen, jedoch nicht in so großen Dimensionen. Bornsen, Hohnstorf und Varendorf sind die einzigen Dörfer, die gegenüber 1932 deutlich geringere Bevölkerungszahlen aufweisen. Es ist dabei zu bedenken, dass Orte, deren Bevölkerungszahlen sich verringern, sowohl gegenseitige Hilfe- und Unterstützungspotenziale als auch vorhandene Infrastrukturen verlieren können.

Ein weiterer zentraler Aspekt für die Veränderung der Dörfer und ihrer Strukturen ist die in einigen Dörfern schon seit den 80er Jahren des 20. Jahrhunderts begonnene Dorferneuerung (1986 begann sie in Hohenbostel), die dazu führte, in den Dörfern deren Zukunft und ihre wirtschaftliche Entwicklung bzw. Umstrukturierung zu planen, zu entwickeln und zu realisieren. In Beverbeck und Eitzen I begann die Dorferneuerung 2003, und auch Edendorf kam in die Dorferneuerung. Im Jahr 2007 schließlich beginnen die Planungen im Rahmen der Dorferneuerung für Bienenbüttel, Bargdorf, Steddorf, Rieste, Bornsen, Varendorf und Grünhagen.

Mit der Dorferneuerung sind Dorfgemeinschaftshäuser entstanden (z.B. in Hohnstorf und Steddorf), die von allen Bewohnern der einzelnen Dörfer zu

Begegnungen und gemeinsamen Veranstaltungen genutzt werden können und von ihnen positiv bewertet werden.

Zusammenfassend lässt sich sagen, dass die Dörfer in der Gemeinde Bienenbüttel und ihre Bevölkerungstrukturen sich seit 1932 stark verändert haben. Vor allem in den vergangenen 50 bis 60 Jahren haben sich die Dörfer der Gemeinde zu sehr heterogen zusammengesetzten Gemeinschaften entwickelt, die von Dorf zu Dorf über unterschiedliche Bedingungen und Dynamiken verfügen. Dies zeigt sich deutlich an den sehr unterschiedlichen Lebensverläufen der Bewohner der einzelnen Dorfgemeinschaften in der Gemeinde Bienenbüttel. Für eine Lebensgestaltung im Alter sind alle diese Besonderheiten, die von Bedeutung sein könnten, aktiv zu berücksichtigen und in die Planungen mit einzubeziehen.

Im Allgemeinen lässt sich sagen, dass die wirtschaftlichen und gesellschaftlichen Entwicklungen der Bundesrepublik Deutschland nach dem 2. Weltkrieg innerhalb eines kurzen Zeitraums dazu geführt haben, dass sich ländliche Räume in bisher unbekanntem Ausmaß verändert haben. Diese Veränderungen betreffen vor allem die Wirtschaftsstruktur, die kommunalen Strukturen, die Schulen, die Verbesserung des Lebensstandards sowie die ungleichartige Entwicklung der Landbevölkerung.

Auf diesen unterschiedlichen Ebenen haben sich Strukturen verändert, verändern sich noch und haben Einfluss auf das Leben aller Menschen auf dem

Land und insbesondere auch auf das älterer Menschen, die ja vor allem die strukturellen Veränderungen ihrer Dörfer miterlebt haben.

Zu den Strukturen, die sich verändert haben und noch verändern, gehören

♦ die Wirtschaftsstruktur im ländlichen Raum:
Die Landwirtschaft veränderte sich drastisch, indem sie sich unternehmerischer ausrichtete, zunehmend mechanisiert und industrialisiert wurde und dadurch weniger Menschen Arbeit bot. Gleichzeitig verringerte sich über die Jahrzehnte die Anzahl der landwirtschaftlichen Betriebe, und die Einkommensentwicklung verschlechterte sich. Außerdem wurden Handwerker und ihre Betriebe, die zuvor direkt der Landwirtschaft zugearbeitet hatten, überflüssig und gaben auf oder orientierten sich außerhalb des Dorfes neu (z.B. Wagner, Schmiede, Stellmacher, Schreiner) (vgl. Schweppe 2000, S. 77-80).

♦ die kommunalen Strukturen durch die Gebiets- und Verwaltungsreform Ende der 60er und Anfang der 70er des letzten Jahrhunderts:
Die Dörfer hatten bis dahin eigene politische Strukturen und eine kommunale Selbstverwaltung. Mit Eingemeindungen und Zusammenlegungen wurden größere Verwaltungseinheiten geschaffen, die Selbstverwaltungen der Dörfer lösten sich auf, und die Dörfer wurden zu Teilen einer Gemeinde und verloren ihre politische Eigenständigkeit. Damit war ein Rückgang der traditionellen Selbstverwaltungsaufgaben vor Ort verbunden: Entscheidungsbefugnisse wurden eingeschränkt und die Verantwortung sowie Mitgestaltung der Einwohner für das eigene Dorf aufge-

hoben und zentralisierten Verwaltungseinheiten zugeordnet. Einherge-
hend mit der Verwaltungsreform gingen vielfach auch andere Mittel-
punktsfunktionen der Dörfer verloren (vgl. Bausinger 1987). Schulen,
Postämter etc. wurden geschlossen und in Kerngemeinden verlegt
(Schweppe 2000, S. 81).

♦ die Schulen durch die Schulreform:

Eine weitere administrativ geleitete Strukturentscheidung betraf die
schulische Umstrukturierung Mitte der 60er Jahre des vorigen Jahrhunderts. Die von den Gemeinden getragene Volksschule wurde ausgelagert
in Mittelpunktschulen der Kerngemeinden. So wurden vormals nahezu
schon in der Dorfschule festgelegte Erwachsenenrollen im Dorf dynami-
siert, so dass Bildungs- und Berufskarrieren freier wählbar wurden
(Sander 1987 in: Schweppe 2000). Bildungsbezogene und berufliche
Entfaltungsmöglichkeiten wurden auch für ländliche Bereiche gedacht,
um den Anforderungen einer Industrienation gewachsen zu sein.

♦ die Verbesserung des Lebensstandards:

Das Lebensniveau ist insgesamt gestiegen. Der Lebensstandard hat sich
erhöht z.B. durch Zentralheizungen und Bäder; die allgemeine Konsum-
steigerung führte ebenfalls zu mehr Konsumorientierung. Über Mas-
senmedien ist auch der ländliche Raum mit allen anderen Orten und
Zentren auf der Welt verbunden. Mittels Handy oder Internet bemerkt
niemand den Unterschied der Lebensräume zwischen Stadt und Land.
(vgl. Schweppe 2000).

♦ die ungleichartige Entwicklung der Landbevölkerung:

Diese Heterogenisierung der Landbevölkerung begann mit dem Ende des 2. Weltkriegs durch Zuweisung von Evakuierten, Ausgebombten, Flüchtlingen und Vertriebenen. Darauf folgte der Zuzug von Städtern, die aufgrund günstiger Grundstückspreise und erhoffter Idylle für die Familie aufs Land zogen und so ebenfalls zur Veränderung der ländlichen Bevölkerungsstruktur beitrugen (vgl. Schweppe 2000).

Der ländliche Raum und die dazugehörigen Dörfer als Lebens- und Sozialräume haben also einen großen Strukturwandel erlebt, so „dass es die bäuerliche Produktionsweise und die damit verbundene Sozialform, in der jede(r) durch Alter, Geschlecht und sozialen Status, Arbeit und jahreszeitliche Entwicklungen und Ereignisse in weitgehend festgelegte und vordefinierte Lebensformen und –aufgaben eingebunden war, nicht mehr gibt. Der klar definierte Ordnungsrahmen, der jeder(m) seinen/ihren festen Platz zuwies und durch den die ländliche Bevölkerung in ein weit gefasstes Netz von Abhängigkeiten, Verpflichtungen, Hilfe- und Kooperationsleistungen eingebunden war, ging verloren“ (Schweppe 2000, S. 82).

Zusammenfassend ist außerdem von besonderer Bedeutung, dass sich die Dörfer durch die Auslagerung von Lebensbereichen verändert haben. Alle wichtigen Lebensbereiche befanden sich früher im begrenzten Raum des Dorfes und wurden hier organisiert: Arbeit, Wohnen, Freizeit, Politik, Familie und Familienbindung. Nun wurden wichtige Lebensbereiche wie z.B. Arbeit, Bildung, politische Selbstverwaltung und Einkaufsmöglichkeiten ausgelagert, und dies führte zu erhöhten Mobilitätsanforderungen. Damit verloren wichtige Identifikationsorte im Dorf ihren Sinn als Kommunikations- und Vernetzungsmöglichkeit wie z.B. Dorfplatz, Laden, Schule, Gasthaus oder Rathaus. „Das traditionelle Dorf, das ursprünglich alle Lebensbereiche umfasste, entwickelt sich zum Wohnort. Der Alltag wird zum Pendeln zur Schule, zur Arbeit, zum Einkaufen" (Böhnisch/Winter 1990, S.38 in: Schweppe 2000, S. 83). Eine der interviewten Älteren aus einem Ortsteil der Gemeinde Bienenbüttel sagte, dass die Gaststätte im Ort der Mittelpunkt auch des Dorflebens gewesen sei. Zu Zeiten der Landwirtschaft seien alle über Mittag hingegangen und am Abend noch einmal, um sich zu treffen, soziale Kontakte zu pflegen und dazu zu gehören. Im Plattdeutschen hieß es: „Go non Krog, dann warste klog." In diesem Sprichwort zeigt sich die Bedeutung, die das gemeinsame Leben im dörflichen Zusammenhang hatte, als dort nicht überwiegend nur gewohnt wurde.

Böhnisch/Winter weisen auf einen weiteren, ganz zentralen Aspekt des heutigen Dorflebens hin, der insbesondere auch für Alternsprozesse im ländlichen Raum zu einer besonderen Herausforderung wird: die Mobilität. Mit zunehmendem Alter kann die Mobilität z.B. durch gesundheitliche Beeinträchtigungen abnehmen, was u.U. zu einer akuten Bedrohung der Bewältigung des Lebensalltags führt.

Trotz der einschneidenden Veränderungen des ländlichen Raums ist dieser nach wie vor als spezifische Lebenswelt zu sehen und besonders wichtig für das Sozialgeschehen. Hier stehen sich unterschiedliche Lebensformen im Spannungsverhältnis von Tradition und Moderne gegenüber. Deshalb schlägt Gängler vor, den ländlichen Raum als „doppelte konzipierte Regionalität" zu betrachten, die sowohl infrastrukturelle Gegebenheiten als auch regionalspezifisch herausgebildete (alltägliche) Lebensformen berücksichtigt (vgl. Gängler 1993 in: Schweppe 2000).

Schweppe hebt insbesondere hervor, dass man sich mit dem ländlichen Raum in demographischer Perspektive insgesamt bisher zu wenig befasst hat. Bisherige Forschungen sehen den ländlichen Raum jeweils in einem Stadt-Land-Vergleich, wobei die Lebenssituationen alter Menschen auf dem Land häufig die Lebenssituationen der Altenbevölkerung in der Stadt als Bezugspunkt haben. Unter dieser Perspektive ist die Entwicklung des ländlichen Raums verspätet und gleicht sich erst langsam den Modernisierungsprozessen in der Stadt an. Der ländliche Raum und seine spezifischen Entwicklungen sind also bisher in seinen sozial- und lebensweltlichen Besonderheiten nicht wirklich untersucht worden. Die Lebenssituationen älter werdender Menschen in einem dörflichen Lebensraum können nur dann zu einem komplexen Gesamtbild führen, wenn über die sozialstrukturellen und sozioökonomischen Entwicklungen und Daten hinaus vor allem die jeweiligen subjektiven Perspektiven der Bewohner einbezogen und zueinander in Beziehung gesetzt werden (vgl. ebd. 2000, S. 107).

Altern auf dem Land ist ein lebenslanger Prozess, der wiederum durch Prozesse der Modernisierung, Individualisierung und Biographisierung gekennzeichnet ist. Dabei ist es von großer Bedeutung, die Besonderheiten der verschiedenen ländlichen Räume und ihre Entwicklungen zu untersuchen, um so in Erfahrung zu bringen, welche spezifischen Entwicklungen in den verschiedenen ländlichen Räumen angeregt werden müssen, um die Lebensqualität älterer Frauen und Männer zu erhöhen.

Im Folgenden steht die Gemeinde Bienenbüttel im Mittelpunkt der Betrachtung mit ihren allgemeinen Daten, Fakten, ihren Besonderheiten in Bezug auf Bevölkerungszahlen und Anteile älterer Menschen, den infrastrukturellen Gegebenheiten sowie den Möglichkeiten der Lebensgestaltung für ältere Einwohner vor dem Hintergrund konkreter Grundbedingungen dörflichen Lebens.

## 3.1 Bienenbüttel als Mittelpunkt der Gemeinde

Der Mittelpunkt der politischen Gemeinde Bienenbüttel ist der Ort Bienenbüttel selbst. Der Arbeitskreis zur Geschichte Bienenbüttels hebt hervor, dass schon vor der kommunalen Neuschneidung der Gebiete Bienenbüttel den historisch gewachsenen Mittelpunkt für die umliegenden Ortschaften darstellte. „Bienenbüttel war schon immer Mittelpunkt für die umliegenden Ortschaften, auch als diese noch selbständig waren. Ein umfangreiches Angebot im Bereich des Handels, der Dienstleistungen, der ärztlichen Versorgung sowie die seit 1847 bestehende Bahnstation mit den Verladeeinrichtungen für landwirtschaftliche Produkte trugen hierzu bei" (AK zur Geschichte Bienenbüttels 2004, S. 31).

Das ist bis heute so geblieben und zeigt sich nun vor allem an dem regen Treiben in der Bahnhofstrasse mit ihren vielfältigen Geschäften. Von der Bundesstraße 4 aus gelangt man nach Bienenbüttel. Der Ort hat 2005 eine Gesamteinwohnerzahl von 2832 mit einem Anteil an Älteren zwischen 55-100 Jahren von 31,8 % (900), dabei gibt es mehr ältere Frauen als Männer (498 zu 402).

Tabelle 2: Einwohner im Jahr 2005 in Bienenbüttel ab 55 Jahren

|  | Einwohner | Einwohner ab 55 Jahren |
|---|---|---|
| **Ort Bienenbüttel** | 2832 | 900 (31,8 %) |
| **Gemeinde Bienenbüttel** | 6968 | 2008 (28,8 %) |

Einige Zahlen zum demographischen Wandel verdeutlichen, dass im Jahr 2000 in Deutschland insgesamt nur etwa 16,65 % über 65 Jahre alt waren, während im Jahr 2050 dieser Anteil an Älteren mit 28,71 % bei fast einem Drittel der Gesellschaft liegen wird bei gleichzeitiger Abnahme der jüngeren Generation, was eine Abnahme der absoluten Zahlen der Bevölkerung insgesamt bedeutet.

Tabelle 3: Bevölkerungsberechnung für 2050

| Altersgruppen | 2000 | 2050 |
|---|---|---|
| 0 – 40: Jung | 49,71 % | 38,24 % |
| 40 – 65: Mittel | 33,64 % | 33,05 % |
| 65 – 80: Junge Alte | 12,90 % | 17,38 % |
| 80+: Hochaltrig | 3,75 % | 11,32 % |
| Gesamt über 65 Jahre | 16,65 % | 28,71 % |

(Quelle: 9. koord. Bevölkerungsvorausberechnung.

Statistisches Bundesamt 2000)

Es zeigt sich, dass nach und nach kontinuierlich eine Gesellschaft entsteht, in der „Alt sein" zur Normalität wird und auch „Hochaltrig sein" ein charakteristisches Merkmal unserer Gesellschaft sein wird. Damit ist das Leben nahezu durchgängig mit erhöhtem Hilfebedarf verbunden, der im Alltag selbstverständlich wird.

Für das Jahr 2050 zeigt die 9. koordinierte Bevölkerungsvorausberechnung, dass es einen Anteil von 28,71 % über 65 Jährige in Deutschland geben wird. Im Vergleich hierzu erreicht die Gemeinde Bienenbüttel diesen Anteil älterer Menschen an der Gesamtbevölkerung fast schon zum gegenwärtigen Zeitpunkt. Dabei ist zu berücksichtigen, dass für die vorliegende Untersuchung die Jahrgänge ab 55 Jahren bereits mit berücksichtigt wurden, da sie sich auf dem Weg in die Altersphase befinden und zukunftsweisend mitbedacht werden sollten. Sie machen einen nicht unerheblichen Teil aus an dem bereits hohen Anteil alter Menschen in der Gemeinde Bienenbüttel (66,5% ist der Anteil der 55-70 Jährigen am Anteil der Älteren und 19 % an der Gesamtbevölkerung insgesamt), und in Bienenbüttel als Ort allein beträgt der Anteil 55-70 Jähriger am Anteil der Älteren 43,2 % und 20,5 % an der Gesamtbevölkerung insgesamt. Diejenigen zwischen 55 und 70 Jahren sind als der große Anteil Älterer zu betrachten, die den demographischen Wandel ausmachen und für die Planungen aufgrund ihrer großen Anzahl relevant werden. 20 Jahre weiter gedacht sind die heute 55-70 Jährigen 75-90 Jahre alt, und das kann bedeuten, dass ein relativ hoher Anteil gesundheitlich beeinträchtigt ist, altersbedingte körperliche Krankheiten hat, vielleicht nicht mehr mobil ist etc..

Der demographische Wandel wird sowohl unser Straßenbild als auch die Straße selber mit ihrer Infrastruktur vollständig verändern. Dasselbe gilt für das Wohnen in einer Gesellschaft, in der 30 % über 55 Jahre alt sein werden, von denen 8 Millionen über 80 Jahre alt sein werden. Ein Leben mit erhöhtem Hilfebedarf und darauf ausgerichtetem Wohnen und Leben wird zur Selbstverständlichkeit für eine ganze Gesellschaft.

Zurück zu der konkreten Situation in Bienenbüttel: Der Ort selbst ist verkehrstechnisch gut angebunden. Es gibt einen Bahnhof mit Zugverbindungen in Richtung Lüneburg / Hamburg und in Richtung Bad Bevensen / Uelzen. Zudem ist Bienenbüttel direkt an der Bundesstraße 4 gelegen, die ebenfalls in Richtung Uelzen bzw. Hamburg führt. Innerhalb des Ortes gibt es 4 Bushaltestellen, z.T. mit einem Wartehäuschen ausgestattet, und mehrere Postkästen und öffentliche Telefone.

Im Zentrum, vor allem in der Bahnhofsstraße, gibt es alle wichtigen Einrichtungen für die Besorgungen des täglichen Lebens: Volksbank und Sparkasse, Lebensmittelgeschäfte mit Bäcker (Edeka und Penny), Getränkemarkt, Fleischer, Drogerie, Optiker, Buchhandlung, Blumen-, Spielwaren-, Textil- und Schuhgeschäft, Reinigung, Reisebüro, Postagentur, Apotheke und verschiedene Ärzte (Allgemeinmedizin und Zahnarzt). Dort befindet sich auch das Rathaus mit der öffentlichen Gemeindebücherei und einer Informationstafel der Gemeinde. Am Rathaus gibt es auch eine öffentliche Toilette.

Bis auf die Lebensmittelgeschäfte mit dem Bäcker haben viele Geschäfte über die Mittagszeit geschlossen. Neben ihren eigentlichen Dienstleistungen bieten einige Geschäfte auch noch branchenfremde Dienste an (z.B. Reinigung mit Lottoannahmestelle, Optiker mit Schmuckverkauf und Passfotoservice).

Auch sonstige Einrichtungen des öffentlichen Lebens (Polizei, Schule, Kindergärten, Jugendzentrum, Seniorenzentrum, Kirche etc.) lassen sich im Zentrum Bienenbüttels finden. Dort gibt es zwar Bürgersteige, diese sind aber z.T. in schlechtem Zustand, ansonsten sind kaum ausgebaute Bürgersteige zu finden. Auch Zebrastreifen, Fußgängerampeln und abgesenkte

Bordsteinkanten gibt es fast nur in der Bahnhofstraße und den viel befahrenen Durchgangsstraßen. Eine Sitzgelegenheit lässt sich im Zentrum nur in der Höhe des Rathauses finden.

Außerhalb des Zentrums gibt es kaum Möglichkeiten für alltägliche Besorgungen (Ausnahme: Aldi, aber sehr weit draußen an der B 4!), so dass ältere Menschen, die nicht direkt im Zentrum von Bienenbüttel wohnen, erst eine Möglichkeit finden müssen, um dorthin zu kommen, da der Bus nur einen kleinen Teil von Bienenbüttel anfährt.

## 3.2 Bargdorf, Beverbeck mit Grünewald, Bornsen, Edendorf mit Solchstorf, Eitzen I, Grünhagen, Hohenbostel, Hohnstorf, Niendorf, Rieste, Steddorf, Varendorf, Wichmannsburg, Wulfstorf als umliegende Dörfer

Zur Gemeinde Bienenbüttel gehören 14 umliegende Dörfer. Sie reichen von sehr kleinen Dörfern mit ca. 90 Einwohnern bis zu größeren Orten mit ca. 800 Einwohnern, die trotz ihrer 10fachen Größe ebenfalls noch überschaubar sind.

Tabelle 4: Einwohner ab 55 Jahren in Ortsteilen

| | Einwohner | Einwohner ab 55 Jahren |
|---|---|---|
| **Bargdorf** | 292 | 92 (31 %) |
| **Beverbeck mit Grünewald** | 171 | 43 (25 %) |
| **Bornsen** | 101 | 34 (33,7 %) |
| **Edendorf mit Solchstorf** | 327 | 82 (25,3 %) |
| **Eitzen I** | 201 | 59 (29,2 %) |

| | | |
|---|---|---|
| **Grünhagen** | 276 | 89 (32 %) |
| **Hohenbostel** | 789 | 188 (24 %) |
| **Hohnstorf** | 216 | 72 (32,7 %) |
| **Niendorf** | 101 | 27 (26,5 %) |
| **Rieste** | 215 | 92 (43 %) |
| **Steddorf** | 779 | 149 (19,1 %) |
| **Varendorf** | 111 | 26 (23,4 %) |
| **Wichmannsburg** | 468 | 127 (27,1 %) |
| **Wulfstorf** | 89 | 28 (31,8 %) |

Die Tabelle zeigt, dass es nur wenige Orte gibt, in denen der Anteil Älterer 25 % oder weniger beträgt. Lediglich in 5 von 14 Orten (Beverbeck mit Grünewald, Edendorf mit Solchstorf, Hohenbostel und Varendorf) ist der Anteil älterer Menschen so gering, und in Steddorf gibt es sogar nur 19,1 % älterer Menschen. Dagegen fällt das Dorf Rieste dadurch besonders auf, dass beinahe die Hälfte der Dorfbewohner über 55 Jahre alt ist, 3 Personen sind über 81 Jahre alt und zählen zu den Hochaltrigen.

An Rieste lässt sich die demographische Entwicklung und deren Brisanz verdeutlichen: Hochaltrigkeit ist als Einschätzung insofern bedeutsam, als man davon ausgeht, dass etwa ab dem 80. Lebensjahr die Wahrscheinlichkeit groß ist, anfälliger für eine Vielzahl unterschiedlicher altersbedingter Krankheiten zu werden. Der Hilfe- und Pflegebedarf eines Menschen kann mit eintretender Multimorbidität sehr schnell ansteigen. Rieste ist ein Ort, der bei gleich bleibenden Bevölkerungsstrukturen mit den Jahren zu einem Ort der Hochaltrigkeit werden wird. Diese Entwicklung muss genauer beobachtet werden. In 20 Jahren sind von ca. 215 Einwohnern etwa 58 Menschen in Rieste über 80 Jahre alt, und es ist davon auszugehen, dass es dort einen erhöhten Hilfe- und Versorgungsbedarf geben wird.

In den übrigen Orten (Bargdorf, Bornsen, Eitzen I, Grünhagen, Hohnstorf, Wichmannsburg und Wulfstorf) gehören etwa 30 % der Einwohner zum Anteil der älteren Menschen über 55 Jahren. Dieser Anteil wird ebenfalls zu weiteren Planungen und Entwicklungen in Richtung eines altengerechten Lebensraumes führen müssen.

Die Befahrung der einzelnen Ortsteile zeigt die Lebens- und Infrastrukturbedingungen, die für das Altern im ländlichen Raum von Bedeutung sind.

Von Bienenbüttel über die B 4 wird Grünhagen erreicht:
Der Ort **Grünhagen** liegt direkt an der B 4 und hat 276 Einwohner, davon sind 32,1 % (89) im Alter von 55-95 Jahren. Dabei ist der Anteil der Frauen auffallend höher: 52 Frauen und 37 Männer. In der Mitte des Ortes gibt es einen Postkasten und ein Informationsbrett der Gemeinde, der Förderverein Dorfgemeinschaft Grünhagen e.V. baut gerade ein Dorfgemeinschaftshaus. Es gibt im Ort eine Bushaltestelle mit Wartehaus, eine Radwanderweg-Karte und zwei Sitzbänke. Direkt an der B 4 gelegen sind ein Hotel, zwei Gaststätten und ein Imbiss zu finden. Grünhagen ist der einzige Ortsteil, der über die Regionalbus-Verbindung Uelzen-Lüneburg eine Busanbindung an Bienenbüttel hat.

Entlang der K 36 kommt man nach Eitzen I:

**Eitzen I** hat 201 Einwohner, der Anteil Älterer liegt bei 29,2 % (59) im Alter von 55-95 Jahren. Es gibt eine Gaststätte, einen Postkasten und ein Informationsbrett, eine Schulbushaltestelle ohne Schild, ein Gebäude der Freiwilligen Feuerwehr und eine Radwanderweg-Karte.

Von Eitzen I geht es weiter auf der K 36 nach Beverbeck mit Grünewald:

**Beverbeck mit Grünewald** hat 171 Einwohner und einen Anteil an Älteren von 25 % (43) im Alter von 55-85 Jahren. Es gibt eine Schulbushaltestelle, ein Informationsbrett und einen Postkasten, außerdem ein Gasthaus mit Pension, einen Bio-Bäcker ohne Hinweisschild und ein Gebäude der Freiwilligen Feuerwehr. Auf dem Weg in Richtung Rieste kommt man weiter entlang der K 36 nach Grünewald, das einen Sportplatz und ein Informationsbrett hat.

In **Rieste** mit 215 Einwohnern und einem sehr hohen Anteil Älterer, 43 % (92) sind im Alter von 55-95 Jahren, gibt es einen Postkasten, ein Informationsbrett, ein öffentliches Telefon, daneben eine Sitzbank sowie ein Stück entfernt eine Bushaltestelle. Es gibt von hier keine Busverbindung nach Bienenbüttel. Ein „alter" Imbiss-Kiosk ist nicht mehr geöffnet.

Hinter Rieste entlang der K 64 liegt Bornsen:

**Bornsen**, am südlichen Rand der Gemeinde gelegen, hat eine Einwohnerzahl von 101 mit einem Anteil an Älteren von 33,7 % (34) im Alter von 55-

90 Jahren. Besonders zu berücksichtigen ist der hohe Anteil an älteren Frauen. Es gibt fast doppelt so viele ältere Frauen wie Männer (22 zu 12). Mitten im Dorf befinden sich ein Postkasten, ein Informationsbrett der Gemeinde und eine Bushaltestelle, aber es gibt keine Busverbindung nach Bienenbüttel.

Von Bornsen geht es zurück über Rieste entlang der K 20 nach Varendorf: **Varendorf** hat 111 Einwohner, 23,4 % (26) beträgt der Anteil der Älteren im Alter von 55-80 Jahren. Es gibt einen Postkasten, eine Bushaltestelle, aber keine Busverbindung nach Bienenbüttel, ein Informationsbrett der Gemeinde, eine Radwanderweg-Karte und ein Gebäude der Freiwilligen Feuerwehr Varendorf-Bornsen.

Von Varendorf geht es zurück über Rieste in Richtung Bienenbüttel nach Steddorf:

In **Steddorf mit Neu-Steddorf** wohnen 779 Einwohner, der Anteil der Älteren im Alter von 55-95 Jahren liegt bei 19,1 % (149), auch hier leben mehr ältere Frauen als Männer (82 zu 67). Der Anteil Älterer ist sehr niedrig verglichen mit anderen Orten in der Gemeinde Bienenbüttel. Es gibt in Steddorf einen Postkasten, ein Informationsbrett der Gemeinde und eine Schulbushaltestelle (Schulbus: werktags 7-14h), in Neu-Steddorf gibt es ebenfalls einen Postkasten, ein Informationsbrett und eine Schulbushaltestelle direkt neben dem Dorfgemeinschaftshaus der Dorfgemeinschaft Steddorf e.V.. Steddorf mit Neu-Steddorf sind die einzigen Ortsteile, die an der Hauptstraße entlang über einen durchgehenden Bürgersteig verfügen.

Von Steddorf fährt man auf der B 4 nach Bargdorf:

**Bargdorf** hat eine Einwohnerzahl von 292 mit einem Anteil an Älteren von 31 % (92) im Alter von 55-95 Jahren. Hier gibt es auffallend mehr ältere Männer als Frauen (54 zu 38). Im Zentrum des Dorfes befinden sich ein Postkasten, ein Informationsbrett der Gemeinde sowie eine Schulbushaltestelle. Außerdem gibt es hier einen Spielplatz, das Gebäude der Freiwilligen Feuerwehr und eine Sitzbank mit Radwanderweg-Karte. Ein Drittel der Einwohner wohnt ständig in etwa 2 km entfernten Wochenendhausgebieten beiderseits der B 4 und hat kaum Kontakt zum Ort selber. Eine Bushaltestelle für den Regionalbus mit Anbindung nach Bienenbüttel befindet sich an der B 4 etwa 1,5 km außerhalb des Ortes und wird daher nicht genutzt.


Von Bargdorf geht es zurück über die B 4 nach Wichmannsburg:

**Wichmannsburg** hat mit 468 Einwohnern einen Anteil an Älteren von 27,1% (127) im Alter von 55-95 Jahren. Es gibt einen Postkasten, zwei Informationsbretter, eine Sitzbank, ein Gebäude der Freiwilligen Feuerwehr, einen Imbiss, eine Schulbushaltestelle, eine alte Kirche, das evangelische Gemeindehaus und einen Friedhof. Auf dem Weg von Wichmannsburg nach Edendorf liegt direkt an der Straße (K1) im Wald, also außerhalb des Ortes, das Alten- und Pflegeheim „Am Lietzberg".


**Edendorf** hat eine Einwohnerzahl von 327, davon sind 25,3 % (82) zwischen 55-90 Jahren. Mitten im Ort gibt es einen Postkasten, ein öffentliches

Telefon, ein Informationsbrett und eine Schulbushaltestelle. Außerdem gibt es hier ein Gasthaus mit Bäckerei, eine Radwanderweg-Karte und ein Gebäude der Freiwilligen Feuerwehr.

Von Edendorf fährt man zurück über Wichmannsburg nach Hohnstorf:
**Hohnstorf** hat 216 Einwohner, der Anteil der Älteren liegt bei 32,7 % (72) im Alter von 55-100 Jahren, dabei gibt es hier in dieser Gruppe mehr Frauen als Männer (41 zu 31). Es gibt einen Postkasten, eine Informationstafel, eine Schulbushaltestelle, einen Sportplatz, ein Dorfgemeinschaftshaus sowie ein Gebäude der Freiwilligen Feuerwehr. In dem Dorf ist ein ambulanter Pflegedienst ansässig.

Von Hohnstorf geht es zurück (K 10) über Bienenbüttel nach Hohenbostel:
**Hohenbostel** hat insgesamt 789 Einwohner, davon sind 24 % (188) im Alter von 55-95 Jahren. Es gibt, über das Dorf verteilt, zwei Informationsbretter, ein öffentliches Telefon, einen Postkasten, eine Schulbushaltestelle, ein Gebäude der Freiwilligen Feuerwehr, einen Sportplatz, eine Radwanderweg - Karte und ein Gasthaus mit Pension. Im Zentrum befindet sich das „Haus Hoheneck", außerhalb von Hohenbostel das Alten- und Pflegeheim „Haus Ilmenaublick".

Von Hohenbostel entlang der K 42 gelangt man nach Niendorf:
**Niendorf** hat eine Gesamtbevölkerung von 101 Einwohnern, davon sind 26,5 % (27) im Alter von 55-85 Jahren. Es gibt einen Postkasten, eine Informationstafel und eine Schulbushaltestelle, außerdem einen Spielplatz.

Von Niendorf geht es weiter entlang der K 42 über den Elbe-Seiten-Kanal nach Wulfstorf:

**Wulfstorf**, am nördlichen Rand der Gemeinde gelegen, hat 89 Einwohner, der Anteil der Älteren beträgt 31,8 % (28) im Alter von 55-95 Jahren. Es gibt einen Postkasten, ein Informationsbrett und eine Schulbushaltestelle.

Es zeigt sich, dass es in vielen Orten kaum eine ausreichende Infrastruktur gibt und somit die Bewohner aufeinander angewiesen sind, um ihre Versorgung zu sichern. Es ist also wichtig, sich um ein „Miteinander" zu bemühen, sonst kann es sehr einsam und abgeschieden sein, vor allem bei nachlassender Mobilität oder fehlenden Möglichkeiten, dieses zu kompensieren. Der ländliche Raum gilt seit jeher als Ort mit einem besonderen Sozialgeschehen, da jeder jeden kennt und in Zeiten der Landwirtschaft alle aufeinander angewiesen waren. Jedoch war das Leben auf dem Dorf natürlich nie nur idyllisch und von gegenseitiger Hilfe und Unterstützung geprägt.

## 3.3 Lebensgestaltung in Bienenbüttel und in den einzelnen Dörfern – der ländliche Raum als besonderes Sozialgeschehen

Der ländliche Raum mit seinen Dörfern galt lange als Ort der Geborgenheit und menschlichen Nähe, „Gemeinschaft, Einfachheit, Bescheidenheit und Natürlichkeit, kurz als ‚Quell des Wahren, Guten und Schönen' (Gängler 1990, S. 164)" (Schweppe 2000, S. 60). Zwar ist Hilfe in der traditionellen

Dorfwelt selbstverständlich, doch es gibt auch einen hohen Normalitätsdruck im ländlichen Alltag. „Soziale Probleme, die den ländlichen Alltag und die ländliche Normalität gefährden würden, werden auch heute noch als individuell verschuldet angesehen; sie werden privatisiert (...)" (Schweppe 2000, S. 65). Hilfe ist in der Dorfwelt zwar selbstverständlich, jedoch nur im Rahmen des sozial-ökonomischen Systems der dörflichen Gegenseitigkeit, z.B. bei Nachbarschaftshilfen, beim Hausbau oder dem Einspringen in Notfällen (vgl. Gängler 1990 in: Schweppe 2000, S. 65). Es gibt eine traditionelle Balance zwischen halböffentlicher Gegenseitigkeit und privater Verschwiegenheit, und so kann der Bedarf an Hilfe in nicht durchschaubarer Abhängigkeit münden und als nicht mehr funktionierend gedeutet werden. In der ländlichen Welt unausgesprochener Gegenseitigkeit gibt es kaum Schlimmeres, als diese Not zugeben zu müssen, so Gängler (vgl. ebd.).

Altern auf dem Land ist nicht mehr mit bestimmten Sinnstrukturen und Aufgaben, Lebensentwürfen oder Tätigkeiten, Beziehungsstrukturen, Handlungsfeldern oder Beschäftigungen verbunden. Die Familien- und Haushaltsformen variieren zwischen ledig, verheiratet und verwitwet, Haushalten, in denen zwei oder mehrere Personen leben sowie Mehrgenerationenhaushalten mit getrenntem oder gemeinsamem Haushalt. Aufgaben und Tätigkeiten differieren zwischen Tätigkeiten in der Landwirtschaft, Haus- und Familienarbeit, Vereinsarbeit, sind entweder gemischt, frauen- oder männerspezifisch oder von religiös geprägtem Engagement.

Die Eingebundenheit und die Vielfalt der sozialen Kontakte älterer Menschen sind ebenfalls sehr vielfältig und hängen von dem eigenen Engagement in den am Orte vorfindbaren Vereinen und Verbänden ab sowie vom subjektiven Empfinden der einzelnen alten Frauen und Männer. Von großer Bedeutung für die älteren Menschen sind ihre Einkommensverhältnisse, die mit darüber entscheiden, wie eingebunden jede(r) Einzelne z.B. in die Vereinsarbeit sein kann und vor allem, ob bei zunehmendem Alter die Mobilität weiter aufrecht erhalten werden kann - entweder über ein eigenes Auto, öffentlichen Nahverkehr, öffentlich oder privat organisierte Fahrdienste oder ambulante Dienste.

Schweppe fasst zusammen, dass für das Altern auf dem Land gilt: „Das Leben im Alter auf dem Land ergibt sich nicht mehr, sondern muss hergestellt, ausgehandelt und abgesichert werden" (Schweppe 2000, S. 350). Es gibt für ältere Menschen wenige Muster oder Vorgaben für die Bewältigung und Gestaltung ihres Lebens. Die Lebensgestaltung wird zur selbst zu gestaltenden und zu verantwortenden Lebensphase. Die Lebenssituationen älterer Menschen auf dem Land sind überwiegend eng verbunden mit der Entwicklungsgeschichte des Dorfes selber. Lebensgeschichten älterer Menschen auf dem Dorf sind in enger Anlehnung an die dörfliche Sozialwelt und ihre Entwicklungsgeschichte entstanden.

Altwerden und Altsein auf dem Land kann nur unter Rückbezug auf die sozialräumliche Nahwelt des Dorfes gestaltet und verändert werden. Mit abnehmender Mobilität grenzt sich das aktive Leben eines alten Menschen nahezu vollständig auf sein Dorf ein. Soziale Beziehungen, Handlungsfelder und Beschäftigungen finden nur noch im Rahmen des Dorfes statt. Es wäre gut, Ressourcen in den Dörfern vorzufinden, damit eine Lebensgestaltung möglich ist. Dafür ist es notwendig, darüber nachzudenken, wie evtl. der Isolation, Einsamkeit, Langeweile sowie Unterversorgung im infrastrukturellen Bereich (z.B. medizinisch, pflegerisch, sozial, Versorgung mit Lebensmitteln, Medikamenten etc.) vorgebeugt werden könnte.

Es geht um Überlegungen, das Land als Lebens- und Sozialraum für ältere Menschen lebensaltertypisch zu gestalten. Es stellt sich die Frage danach, wie sich der ländliche Raum verändern müsste, um für ältere Menschen anregend und gleichzeitig sicher in sozialer, pflegerischer und mobiler Hinsicht zu sein. „Die Frage der Lebensgestaltung im Alter wird zur biographischen Leistung der Subjekte, die mit dieser Aufgabe relativ allein gelassen werden (…)" (Schweppe 2000, S. 363).

Bisher sind kaum altenspezifische Angebote oder regionalbezogene und regionalspezifische Altenkulturen im ländlichen Raum entstanden (für die Jugend: Böhnisch/Funk 1989; Böhnisch/Winter 1990 in: Schweppe 2000), die Möglichkeiten des Eingebundenseins, der Freizeitgestaltung und der Kontakte bieten könnten, also Möglichkeiten einer „Lebensgestaltung im Alter" auf dem Land. Bisher gibt es kaum Leitbilder, und dies bedeutet, dass die Lebensführung im Alter ohne Rückgriff auf Leitbilder oder kollektive

Vorgaben oder intermediäre Instanzen neu verhandelt, abgesichert und gestaltet werden muss und vor allem dadurch viel zu sehr zur eigenen Leistung der alten Menschen selber wird (vgl. Schweppe 2000).

Das ist für die Gemeinde Bienenbüttel und jeden einzelnen Ortsteil die Herausforderung der nächsten Jahre und Jahrzehnte. Mit dem Hereinwachsen in den demographischen Wandel und der allmählichen Alterung der Dörfer werden die Einwohner aufeinander angewiesen sein, und zwar in deutlich höherem Maße als gegenwärtig. Die Untersuchung in der Gemeinde Bienenbüttel hat ein zentrales Ergebnis: Es gibt ein reges Vereinsleben, und von vielen wird festgestellt: „Es ist immer was los". Dennoch ist darauf hinzuweisen, dass das bisher schon bestehende Eingebundensein der älter werdenden Menschen in Vereine, Freizeitgestaltung und Kontakte noch viel mehr zu einer Aufgabe aller werden muss, welche die aktive Lebensführung und Lebensgestaltung der alten Menschen in der Gemeinde Bienenbüttel voranbringt.

### 3.3.1 Infrastrukturelle Angebote: Freizeit, Kultur und Vereine

Bienenbüttel hat ein sehr vielfältiges und bewegtes Vereinsleben. Dieses wird von den Bürgerinnen und Bürgern der Gemeinde, unabhängig vom Ortsteil oder Dorf, immer wieder hervorgehoben. Die überwiegende Anzahl derjenigen, die sich mittels Interview an der Untersuchung beteiligt haben, sind in mindestens zwei Vereinen oder Gruppierungen aktiv beteiligt oder nutzen entsprechende Angebote. Das Vereinsleben wird von der überwiegenden Anzahl der Bevölkerung als notwendig angesehen, um beschäftigt zu sein, um sich selbst aktiv zu beteiligen und um in das Dorfgeschehen integriert zu sein.

Sämtliche Vereine, Gruppierungen und Verbände wurden in einer Telefonbefragung danach befragt, was das Angebot des Vereins ausmacht, ob es ein besonderes Angebot für ältere Menschen gibt, wie viele ältere Menschen mitmachen und in die Vereinsarbeit eingebunden sind. Es wurde auch ganz allgemein gefragt, welche Veränderungen notwendig wären, um dem Leben älterer Frauen und Männer in der Gemeinde Bienenbüttel gerechter zu werden.

Die Auswertung dieser Befragung zeigt, dass es Angebote und Vereine gibt, die sich insbesondere an Ältere wenden und Angebote speziell für diese Zielgruppe haben. Dazu gehören der Seniorenbeirat, die Seniorenfeuerwehr, der Sozialverband SoVD, die Wander- und Fahrradgruppe, die „60+Gruppe" der Sozialdemokratischen Partei SPD sowie die Senioren-CDU.

Abbildung 1: Angebote der Vereine für Ältere

| Angebote speziell für Ältere gedacht und durchgeführt | |
|---|---|
| **Parteien: hier SPD** | Die SPD hat eine spezielle Gruppe für Ältere, die sich 60+ nennt und auf Kreisebene agiert. |

| | |
|---|---|
| **Parteien: hier CDU** | Es gibt von der CDU eine spezielle Gruppe für ältere Mitglieder, die sogenannte Senioren-CDU, die auf Kreisebene agiert. |
| **Seniorenbeirat** | Es ist der einzige Seniorenbeirat im Landkreis Uelzen. Er vertritt die Interessen älterer Menschen gegenüber dem Rat und der Verwaltung der Gemeinde, gibt Informationsbroschüren für Senioren heraus und veranstaltet Vorträge sowie kulturelle und gesellige Veranstaltungen. |
| **Seniorenfeuerwehr** | Sie ist eine extra Sektion für Mitglieder über 62 Jahren, die aus dem aktiven Dienst ausgeschieden sind, und für Mitglieder, die aus unterschiedlichen Gründen nicht mehr aktiv tätig sein können. |
| **Sozialverband Deutschland – Ortsverband Bienenbüttel** | Der Ortsverband hat über 500 Mitglieder, von denen der überwiegende Anteil älter als 55 Jahre ist. Die meisten Angebote sind für ältere Menschen. Der Schwerpunkt liegt auf der Sozialberatung, die einmal pro Monat in Bienenbüttel stattfindet. Zudem werden viele Aktivitäten durchgeführt: Spielnachmittage, Kegeln, Klönnachmittage, einmal pro Monat eine Tagesfahrt, 2 – 3 mal pro Jahr mehrtägige Fahrten, Adventsfeier, Kranken- und Geburtstagsbesuche, Mitgliederzeitung. |
| **Wander- und Fahrradgruppe** | Die Wander- und Fahrradgruppe besteht aus 18 Mitgliedern, die alle älter als 55 Jahre sind. Das Angebot des Vereins ist auf die Bedürfnisse und Interessen der Mitglieder abgestimmt. Im Sommer werden Radtouren, im Winter Wanderungen unternommen. |

Weitere Vereine und Angebote sind durch die überwiegende Nutzung und Mitgestaltung älterer Bürgerinnen und Bürger zu einem Angebot für Ältere geworden, ohne dass dies beabsichtigt wurde. Diese Vereine sind in ihrer Mitgliederstruktur gealtert, ohne dass jüngerer Nachwuchs kam oder gewonnen werden konnte. Dazu gehören der Brieftaubenverein „Auf dem Lietzberg", der Damenschießclub, „Die Bühne", der DRK-Ortsverband Bie-

nenbüttel, der Ilmenauchor, der Landwirtschaftliche Verein und der Landfrauenverein.


Abbildung 2: Vereine, die überwiegend ältere Mitglieder haben

| **Angebote, die als aktive Mitglieder überwiegend Ältere haben** | |
| --- | --- |
| **Brieftauben-verein „Auf dem Lietz-berg"** | Dieser Verein hat 6 Mitglieder, von denen drei Rentner sind. Sie züchten Brieftauben und nehmen an Wettkämpfen im In- und Ausland teil. |
| **Damen-schießclub Bienenbüttel e.V.** | Der Damenschießclub Bienenbüttel e.V. hat 20 Mitglieder, von denen 75 % über 55 Jahre alt sind. Es ist eine Schieß-vereinigung nur für Frauen. Sie üben ihren Sport aus, neh-men an Wettkämpfen teil und genießen das gesellige Bei-sammensein. |
| **„Die Bühne"** | Der Verein „Die Bühne" hat 90 Mitglieder, von denen 95% älter als 55 Jahre alt sind. „Die Bühne" beschäftigt sich mit Volkstanz und Volksmusik. |
| **DRK Bienen-büttel** | Der Verein hat ca. 380 meist ältere Mitglieder. Das Angebot ist aufgrund der Altersstruktur der Vereinsmitglieder gestal-tet. Es gibt eine große Angebotspalette, z.B. Handarbeits-, Spiele- oder Gymnastikgruppen, Vorträge über altersspezifi-sche Themen und Reisen. |
| **Ilmenauchor Bienenbüttel e.V.** | Dieser Verein hat ca. 40 aktive (ca. 75 % davon sind älter als 55 Jahre) und 20 passive Mitglieder. Neben den Chorproben und Auftritten finden Freizeiten, Fahrten und gemütliches Beisammensein statt. |
| **Landwirt-schaftlicher Verein** | Der Verein ist für Landwirte und hat ca. 100 meist ältere Mitglieder. Es geht hauptsächlich um einen Informationsaus-tausch. Über das Jahr gibt es aber auch Feldrundfahrten für alle, die Lust haben, unbekannte landschaftlich interessante Ecken zu entdecken. |

| **Landfrauen-verein Bienenbüttel** | Der Verein wurde 1947 gegründet, bemühte sich damals auch um die Integration heimatvertriebener Frauen und hat heute 220 Mitglieder, von denen etwa 75 % älter als 55 Jahre sind. Ziel ist die kulturelle, politische, soziale und gesellschaftliche Information der „Frau auf dem Lande" durch Vorträge, Fahrten und Seminare. |
| --- | --- |

Eine weitere Sparte bilden die Angebote der Vereine, die eine gemischte Mitgliederstruktur haben, in denen bisher weder eine Überalterung der Mitgliederstruktur noch mangelnder Nachwuchs auffallend ist. Es ist ein generationenübergreifendes Miteinander in einer bunten Vielfalt an Angeboten, die neben klassisch dörflichen kulturellen Angeboten wie Feuerwehr und Schützenverein auch ein Cineforum, einen Kulturverein und eine Plattdeutschgruppe umfassen.

Abbildung 3: Weitere Vereine und Angebote

| **Cineforum Bienenbüttel e.V.** | Das Cineforum Bienenbüttel e.V. veranstaltet regelmäßig im Gemeindehaus der Michaeliskirche Bienenbüttel Filmvorführungen für Kinder und Erwachsene. |
| --- | --- |
| **Gemeinde-feuerwehr Bienenbüttel** | Die Gemeindefeuerwehr Bienenbüttel hat ca.500 Mitglieder und eine extra Sektion (Seniorenfeuerwehr) für Mitglieder über 62 Jahren, die aus dem aktiven Dienst ausgeschieden sind. Ca. 1/5 der Mitglieder sind in der Seniorenfeuerwehr. |
| **Hegering Bienenbüttel** | Der Hegering hat etwa 150 Mitglieder. Es finden Übungsschießen, Beratungen in Jagdfragen sowie Hilfestellungen beim Kauf und der Ausbildung von Jagdhunden statt. |
| **Kulturverein Bienenbüttel** | Der Kulturverein Bienenbüttel hat 8-10 aktive Mitglieder, von denen 2–3 älter als 55 Jahre alt sind. Dieser Verein organisiert und veranstaltet kulturelle Veranstaltungen wie Lesungen, Ausstellungen und Konzerte. |

| | |
|---|---|
| **Kyffhäuser Kameradschaft** | Die Kyffhäuser Kameradschaft hat ca. 45 Mitglieder, von denen rund ein Drittel älter als 55 Jahre ist. Es ist ein ehemaliger Soldatenbund, der heutzutage eine Schießvereinigung ist. Es werden Gesellschaftsnachmittage und Vereinstreffen angeboten. |
| **Plattdeutschgruppe Grünhagen** | In Grünhagen gibt es eine Plattdeutschgruppe, die sich regelmäßig trifft. |
| **Reit- und Fahrverein** | Der Reit- und Fahrverein ist ein Zusammenschluss von aktiven Reitern ohne Unterschied zwischen „Jung" und „Alt". Zur Zeit arbeitet man an einem Angebot für ältere Menschen („Gesundheitsreiten"). |
| **Schießclub Schlauer Fuchs Wichmannsburg** | Der Schießclub „Schlauer Fuchs" Wichmannsburg hat 50 Mitglieder, davon 20 ältere. Es wird Schießsport betrieben, wobei allerdings das Beisammensein im Vordergrund steht. Es gibt eine Trennung nach Alter und Geschlecht im Verein. |
| **Schießclub Wichmannsburg** | Der Schießclub Wichmannsburg hat 60 Mitglieder, ca. 20 Personen sind davon über 55 Jahre. Es gibt 4 Gruppen, die sich in unterschiedlichen Abständen treffen, um ihren Sport und das gesellige Beisammensein zu leben. |
| **Schützengilde Bienenbüttel** | Die Schützengilde Bienenbüttel hat rund 300 Mitglieder, von denen etwa die Hälfte über 55 Jahre alt ist. Neben dem Sport finden gesellige Feste statt. Der Verein spricht von einem guten Zusammenspiel zwischen „Jung" und „Alt". |
| **Spielmannszug der Schützengilde Bienenbüttel** | Der Spielmannszug der Schützengilde Bienenbüttel hat Übungsabende, Auftritte und führt für seine Mitglieder Veranstaltungen und Reisen durch. |
| **Tennisclub Bienenbüttel** | Der Tennisclub Bienenbüttel hat ca. 190 Mitglieder, davon 20- 25 Personen über 55 Jahren. Sie betreiben ihren Sport und genießen das Vereinsleben. |

| | |
|---|---|
| **„Unser Eden-dorf" e.V.** | Der Verein „Unser Edendorf" e.V. ist aus der Dorferneuerung entstanden. Er hat 44 Mitglieder, von denen ca. 15–20 Personen über 55 Jahre alt sind. Der Verein setzt sich für das Dorf und die Dorfgemeinschaft ein. Es finden Aktionen wie Dorfputz, Flohmärkte und Dorffeste statt. |
| **TSV Bienenbüttel** | Der TSV Bienenbüttel ist mit fast 1200 Mitgliedern, von denen ca. 15 % über 55 Jahre alt sind, einer der größten Sportvereine im Landkreis Uelzen und hat vom Fußball über Handball, Turnen, Gymnastik bis zum Schach ein breites Angebot. Für ältere Frauen und Männer gibt es Angebote beim Prellball, im Bewegungs- und Gesundheitssport, beim Wandern, Nordic Walking und Schach. |

Insgesamt zeigt sich eine hohe Angebots- und Vereinsdichte, die neben herkömmlichen und gängigen Angeboten auf dem Dorf wie Schützenverein und Feuerwehr durch eine Vielzahl jüngerer Angebote gekennzeichnet ist, an denen viele Bürgerinnen und Bürger in der Gemeinde Bienenbüttel ebenfalls aktiv beteiligt sind.

Daneben gibt es noch weitere Zusammenschlüsse wie z.B. Handarbeitskreise, Kegel-, Koch- und Wandergruppen und ähnliches, die in den Interviews benannt wurden. Sie verfügen jedoch nicht über eine offene Struktur in Bezug auf die Gewinnung neuer Mitglieder. Es handelt sich eher um private Initiativen befreundeter Gruppen oder Nachbarn und haben entsprechend keine formalen Strukturen wie die zuvor beschriebenen Vereine und Angebote. Darüber hinaus gibt es noch weitere gemeinsame Unternehmungen und Zusammenschlüsse in den einzelnen Dörfern, die jedoch, da es sich um private Gruppen handelt, nicht selbstverständlich auffindbar sind.


### 3.3.2  Soziales Netzwerk und das subjektive Eingebundensein der Älteren

Mit dem Sozialen Netzwerk älterer Menschen ist die Vielzahl ihrer sozialen Beziehungen gemeint, die sie in unterschiedlicher Art und Weise zu Partnern, Kindern, Nachbarn, Freunden und ehemaligen Arbeitskollegen in unmittelbarer Nähe und über größere Entfernungen hinweg haben und mit unterschiedlicher Intensität gestalten und pflegen.

Soziale Beziehungen haben für Menschen eine hohe Bedeutung. Sie entscheiden u.a. über Eingebundensein und Austausch eines jeden in einer Gemeinschaft. Zudem sind in sozialen Beziehungen gegenseitige Entlastungs- und Unterstützungsfunktionen enthalten. Mit fortschreitendem Alter wird das soziale Netzwerk kleiner, die Anzahl und Intensität sozialer Beziehungen nimmt also ab. Das eigene soziale Netzwerk kann sich verkleinern, wenn z.B. jemand aus dem Arbeitsprozess in die Arbeitslosigkeit oder Rente entlassen wird und die Arbeitskontakte nicht mehr selbstverständlich sind oder durch eigene Krankheit oder den Tod des Lebenspartners. Mit zunehmendem Alter verringert sich allmählich aufgrund des Todes der anderen die Anzahl der Gleichaltrigen.

Soziale Beziehungen eines Menschen lassen sich in primäre und sekundäre Netzwerke einteilen. Zum primären Netzwerk wird gezählt:

- das familiäre Netzwerk aus Eltern, Kindern und Geschwistern
- das verwandtschaftliche Netzwerk, das Großeltern, Enkel, Tanten, Onkel, Vettern und Kusinen sowie Verwandtschaftsmitglieder dritten und vierten Grades umfasst
- das freundschaftliche Netzwerk
- das nachbarschaftliche Netzwerk

Sekundäre Netzwerke umfassen soziale Institutionen wie z.B. Kindergarten, Schule, Hochschule, Arbeitsstelle, Geschäfte, Vereine, Freizeiteinrichtungen etc.. Netzwerke haben eine hohe Bedeutung für Menschen, da sie Kontaktmöglichkeiten und Unterstützungspotenziale beinhalten und somit Garanten für eine hohe Lebensqualität sein können (vgl. Bullinger/Nowak 1998).

Ein qualitativ hochwertiges Netzwerk hat eine aktive Beziehungsgestaltung zur Voraussetzung. Dabei ist es von Bedeutung, sowohl Beziehungen zu älteren, gleichaltrigen und zu jüngeren Menschen zu suchen und zu haben, um der Entleerung des sozialen Netzwerks durch den Wegfall von Beziehungen durch Tod vorzubeugen. Grundlegende Bedürfnisse werden durch Soziale Netzwerke aufgefangen. Sie reduzieren Belastungen, beeinflussen Stressbewältigungsprozesse positiv und ermöglichen Bindungen zu anderen Personen. Sie geben Sicherheit, fördern das Selbstwertgefühl und die Identität (vgl. Röhrle 1994; Stimmer 2000).

In der Gemeinde Bienenbüttel fühlt sich die überwiegende Mehrheit der älteren Menschen in ihre Dorfgemeinschaft eingebunden und macht aktiv bei vielen Angeboten der Vereine oder bei anderen Gruppen und Zusammenschlüssen auch außerhalb des Dorfes mit. Doch dies gilt eben nicht für alle Männer und Frauen. Einige meinten, dass es sehr schwierig sei, in die Dorfgemeinschaft zu kommen. Das gilt vor allem für die, die vor noch nicht langer Zeit zugezogen sind.

Da kommt es auf das Aktivitätspotenzial des einzelnen an, ob und wie er Anschluss findet und sich dazugehörig fühlt. Von allen Interviewten wurden Vorschläge gemacht, wie diejenigen Frauen und Männer, die mit der Integration Schwierigkeiten haben, in die Gemeinschaft aufgenommen werden könnten.

### 3.3.2.1 Subjektives Eingebundensein und Selbstaktivität

Die überwiegende Mehrheit der Befragten und Interviewten[1] meint, dass es viele Möglichkeiten und Gelegenheiten gibt, sich in der Gemeinde Bienenbüttel eingebunden zu fühlen und aktiv an den jeweiligen Dorfgemeinschaften teilzuhaben. Es gibt eine Vielzahl an Freizeitangeboten und Vereinen, ein Interviewter beschreibt es so: „Da kann man jeden Tag unterwegs sein".

---

[1] Es wird Bezug auf die in Vereinen und Angeboten engagierten Frauen und Männer aus der Telefonbefragung sowie die interviewten Frauen und Männer genommen, also insgesamt über 100 unterschiedliche Sichtweisen.

Er drückt damit aus, dass es nahezu jeden Tag ein anderes Freizeitangebot gibt, z.B. Spiel- oder Seniorennachmittage sowie Tanznachmittage und -abende oder Veranstaltungen, die von der Kirche, der Feuerwehr, dem Schützenverein, dem DRK oder dem Landfrauenverein durchgeführt werden. Der Sozialverband mit seinen Reisen und Fahrten wird ebenfalls explizit hervorgehoben. Es gibt Einrichtungen, die, wie z.B. die Post, ihre ehemaligen Mitarbeiter in Seniorenvereinigungen zusammenfassen und ebenfalls für Abwechslung durch verschiedene Veranstaltungen sorgen.

Das Angebot wird als abwechslungsreich und vielseitig bezeichnet, die vorhandene Infrastruktur in Bienenbüttel selbst wird ebenfalls positiv hervorgehoben, so z.B. das Schwimmbad, die Bücherei, die Gaststätten sowie Sauna und Massagemöglichkeiten. Dabei fällt auf, dass diejenigen, die sich mit ihren Aktivitäten eingebunden und aufgehoben fühlen, in mindestens zwei unterschiedliche Angebote aktiv involviert und bei der aktiven Vereinsarbeit mitgestaltend tätig sind.

Hinter diesem „Aktiv-Sein" der Frauen und Männer verbirgt sich die Einstellung, dass es gut sei, Aufgaben und Hobbys zu haben, weil das Alter ohne Erwerbsarbeit oder festgelegten Aufgabenbereich langweilig und sinnlos werden könne. Durch Langeweile würde die Zufriedenheit am Leben leiden. Aufgaben und Beschäftigungen aber können die Selbständigkeit eines Menschen verstärken. Darüber hinaus beuge es der Einsamkeit vor, wenn man sich in Vereinen oder Verbänden engagiere, weil man mit einer

Vielzahl unterschiedlicher Menschen gemeinsam etwas tue und so sein Netzwerk stärke. Diejenigen, die bei keinem Angebot dabei sind, werden als isoliert und außerhalb der Gemeinschaft stehend betrachtet. Und das bedeutet wiederum, dass sie im Dorf weitgehend unbekannt sind und deshalb im Falle einer Hilfe- oder Notlage keine Unterstützung von den Nachbarn bekommen, da diese die Lebenslage der zurückgezogen lebenden Bewohner nicht kennen.

Eine weitere Motivation für ein Engagement in der Vereinsarbeit ist also der Wunsch, bekannt und damit in die Dorfgemeinschaft eingebunden zu sein. Das Gefühl „zu Hause" zu sein, ein „Zuhause" zu haben, ist nach den Interviews sehr stark mit sozialen Kontakten im unmittelbaren Lebensumfeld verbunden. Das ist auch einer der Gründe, warum so wenige der Befragten noch einmal umziehen wollen. Sie wollen auf ihr gewohntes und gewachsenes Umfeld nicht verzichten, vor allem da sie wissen, wie lange es dauert, ähnlich intensive und hilfreiche Kontakte aufzubauen.

Von einigen wird angemerkt, dass es zu wenig Angebote gebe und diese immer von denselben Frauen und Männern angenommen würden. Das sollte als Anregung verstanden werden, noch einmal genau zu prüfen, ob dieser Einwand gerechtfertigt ist. Daraufhin könnte überlegt werden, wie besser für Angebote geworben und neue Teilnehmerinnen und Teilnehmer gewonnen werden könnten.

Ein weiterer wichtiger Punkt vor allem für das Leben in ländlichen Räumen ist die Bedeutung der Nachbarschaft für das subjektive Empfinden des Eingebundenseins in die Dorfgemeinschaft. Viele der befragten Frauen und Männer betonen, dass es in der Gemeinde Bienenbüttel sehr gute Dorfgemeinschaften und Nachbarschaften gibt, in denen auch Hilfe und Unterstützung nachbarschaftlich organisiert wird, und dass fast allen Bewohnern klar ist, dass jeder die Gemeinschaft im Ort braucht und für die anderen mitverantwortlich ist.

„Jeder hat dort ein Auge auf den anderen, wie auf dem Land üblich" ist eine der Aussagen, die das eben Beschriebene ausdrückt. Dieses Denken gehört, trotz der massiven Veränderungen der Dörfer, nach wie vor zum Selbstverständnis des Landlebens.

„Das muss immer ein Geben und Nehmen sein" ist eine weitere Aussage aus dem Interviewmaterial. Sie zeigt den Anspruch gegenseitigen Unterstützens, der an Nachbarschaften gestellt wird Die Dörfer verändern sich, und es gibt auch schon mindestens seit Ende des 2. Weltkriegs Wanderungsbewegungen in den Dörfern der Gemeinde Bienenbüttels. Da sich die Bevölkerungszusammensetzung in den Dörfern ständig durch Zuzug oder Wegzug ändert, muss man sich viel aktiver um das Gleichgewicht der dörflichen Gemeinschaft bemühen. Nach Ansichten vieler Interviewten müssen die Nachbarschaften gelebt werden, und jeder ist dort in der Verantwortung.

Die Nachbarschaften werden als großes Potenzial gegenseitiger Hilfe eingeschätzt, und es ist vielen auch allzu bewusst, dass aktive Nachbarschaft
nicht mehr zu den Selbstverständlichkeiten gehört, sondern aktiv hergestellt
werden muss. Doch viele bemühen sich darum, und es ist ihnen klar, dass
das Engagement für andere die eigene Lebenszufriedenheit erhöht.

Diese Anforderungen an die nachbarschaftlichen Netzwerke bedeuten jedoch nicht, dass einzelne ihre Selbständigkeit und Unabhängigkeit zugunsten der Gemeinschaft zurückstellen müssen. Es geht vielmehr um die Herstellung einer Balance, in der jeder eigenen Interessen nachgehen kann und
gleichzeitig Mitglied einer Gemeinschaft ist. Das ist nicht immer einfach,
und das folgende Kapitel verdeutlicht, dass Außenstehende bzw. Zugezogene es oft als schwierig empfinden, Teil einer Gemeinschaft zu werden.

### 3.3.2.2 „Man muss auf dem Dorf auch schon auf Leute zugehen"

Der weitaus größte Teil der Interviewten betont die große Bedeutung der
Gemeinschaft, die sich in Vereinsaktivitäten und gegenseitiger Nachbarschaftshilfe ausdrückt und fühlt sich subjektiv eingebunden. Daneben gibt
es einige, die sich nicht in die Dorfgemeinschaften integriert fühlen. Das
fängt bei den unterschiedlichen Angeboten der Vereine an:

♦ Es fällt auf, dass die Männer an den Angeboten und den Veranstaltungen viel weniger teilnehmen als die Frauen. Es sollte darüber nachge-

dacht werden, wie die Männer mehr angesprochen und eingebunden werden könnten.

♦ Außerdem wünschen sich einige ältere Menschen, die gesundheitlich nicht mehr so fit und rüstig sind, für sie eigens konzipierte Angebote. Da müsste noch einmal genauer nachgefragt werden, welche Angebote da gemeint sein könnten.

Es wird immer wieder darauf aufmerksam gemacht, dass es einen bevölkerungsrelevanten Unterschied im Hinblick auf „Zugezogene" und „Alteingesessene" in der Gemeinde Bienenbüttel gibt. Diese beiden Gruppen sind in den unterschiedlichen Ortsteilen getrennt. Dieses bezieht sich auch auf die Aktivität in Vereinen oder bei Veranstaltungen. Zugezogene berichten, dass erst durch den Eintritt in einen Verein ein gegenseitiges Kennen lernen und die Integration in die Dorfgemeinschaft möglich werden. „Man muss auf dem Dorf auch schon auf Leute zugehen" drückt aus, dass von den Zugezogenen erwartet wird, sie selber sollten die Initiative ergreifen, um in die Gemeinschaft hineinzukommen.

Für diejenigen, denen es nicht leicht fällt, auf andere zuzugehen oder deren Selbstaktivität nicht so ausgebildet ist, müsste es einfacher gemacht werden, in die Dorfgemeinschaft oder in die unterschiedlichen Gruppen aufgenommen zu werden. Auch wenn jemand nicht oder nur kaum integriert ist, weiß doch immer irgendjemand im Dorf, wie es diesem Menschen geht, und das verbreitet sich: „Einer weiß es immer. Und denn wird erzählt (…). Und dann unterhält man sich drüber, und da würde ich schon sagen, dass sich das herumspricht." Das bedeutet, dass in den einzelnen Dörfern noch einmal genauer danach geschaut werden sollte, wer noch nicht so dazugehört und dennoch, genau wie alle anderen, über Potenziale verfügt, die  einen Gewinn für die Gemeinschaft und die gegenseitige Nachbarschaft bedeuten.

Für neue Bewohner müsste gelten, dass ein besonderes Auge auf sie geworfen wird und sie nicht nur von sich aus aktiv werden müssen, sondern dass auch von den übrigen Dorfbewohnerinnen und Dorfbewohnern die Initiative ausgeht, erste Kontakte herzustellen durch Einladungen zu Veranstaltungen oder durch Besuche und dass dadurch eventuelle Hemmschwellen überwunden werden.

### 3.3.2.3 Aktuelle Aktivitäten gegenseitiger Nachbarschaftshilfe als Beispiele

In der Gemeinde Bienenbüttel gibt es viele Ideen und Potenziale, um die Eingebundenheit und die sozialen Netzwerke auch mit gegenseitigen Hilfe- und Unterstützungsleistungen zu verbessern und zu intensivieren. Nahezu jedem ist deutlich, dass die Selbständigkeit und Selbstbestimmtheit im Alter von der Qualität der Dorfgemeinschaften abhängen wird. Die überwiegende Mehrheit möchte in der eigenen Häuslichkeit alt werden und sterben.

Dafür ist es notwendig, in Hilfe- und Unterstützungssysteme zu investieren, die nicht nur die subjektive Eingebundenheit im Blick haben, sondern eventuell auch weiterführend gegenseitige Versorgung bedeuten können, wie an folgenden Ideen deutlich wird:

◆ Die Buchhandlung in Bienenbüttel bot vor Jahren eine Tauschbörse an. Dort konnte jeder mitmachen, seine Fähigkeiten und Fertigkeiten anbieten sowie den eigenen Unterstützungsbedarf hinterlassen. Die Tauschbörse wurde eingestellt, weil am Ende fast nur noch Wünsche nach Unterstützung angemeldet und keine Gegenleistungen angeboten wurden. Es sollte überlegt werden, diese Tauschbörse eventuell in abgeänderter Form wieder zu beleben.

◆ Es könnte ein monatlicher Veranstaltungskalender herausgegeben werden, der ausdrücklich und explizit alle anspricht und einlädt. Diejenigen könnten aufgesucht werden, von denen bekannt ist, dass sie seltener teilnehmen und für die es gut wäre, wenn sie mal „vor die Tür kämen".

◆ Ältere Alleinlebende und Paare in einem Ort könnten abwechselnd für die anderen kochen. Zum einen wäre die Versorgung aller gesichert, auch im Krankheitsfall, und zum anderen wären alle einmal am Tag unterwegs und hätten soziale Kontakte im Dorf und einen Austausch, der die Zufriedenheit im Leben erhöhen kann.

◆ Eine weitere Idee ist, gegenseitige nachbarschaftliche Hilfe zwischen den Generationen aktiv zu organisieren. Die Dorfgemeinschaft wäre dann ganz selbstverständlich zuständig für eventuelle Hilfe- und Bedarfslagen, und Junge und Alte entwickelten ein gegenseitiges Verständnis füreinander, leben miteinander und profitierten voneinander. „Das hat auch ein bisschen was mit dörflicher Kultur zu tun ... “ ist das Motto, sich gegenseitig um die Sicherstellung der generationenübergreifenden Lebensqualität zu bemühen.

Dieses sind Initiativen und Ideen, die in der Gemeinde Bienenbüttel bereits gelebt werden oder die noch stärker realisiert werden könnten. Dabei ist dies erst der Anfang einer Entwicklung, in der es darum geht, Selbständigkeit und Selbstbestimmung im Alter mit den Potenzialen, die eine Dorfgemeinschaft hat, zu stärken.

Die Bedeutung der Nachbarschaft als Netzwerk für das Wohlbefinden eines Menschen ist mit dem vorher Gesagten verdeutlicht worden. Damit ist eine direkte Verbindung zum Wohnen hergestellt. Das Wohnen hat für ältere Menschen eine besondere Bedeutung, weil ihr alltägliches Leben sich vor allem in ihrer Wohnung oder ihrem Haus und dem dazugehörigen Umfeld abspielt. Der Radius, in dem sie sich bewegen, wird kleiner, ihr alltägliches Leben wird zunehmend stärker bestimmt durch die Wohnbedingungen und das dazugehörige Umfeld.

# 4. Wohnen im Alter

Das Wohnen im Alter ist auch in der Gemeinde Bienenbüttel ein zentrales Thema für jeden älteren Menschen. Vor allem gibt es zwei unterschiedliche Vorstellungen und Sichtweisen die eigene Wohnsituation betreffend:

Der weitaus größere Teil der älteren Menschen möchte in der eigenen Häuslichkeit alt werden und sterben. Für den Fall eintretender Hilfe- und Pflegebedürftigkeit gibt es bisher kaum Vorstellungen, wie das Leben dann organisiert werden könnte. Ein Problem, das eigentlich jeden betrifft, wird verdrängt. Nur der Gedanke, wenn es gar nicht mehr zu Hause ginge, müsste eben das Pflegeheim als letzter Ort im Leben in Kauf genommen werden, wird von vielen so oder in ähnlicher Weise genannt.

Ein kleiner Teil der älteren Menschen kann sich vorstellen, in Seniorenwohnungen oder, bei beginnender Hilfsbedürftigkeit, in eine betreute Wohnform umzuziehen, vorausgesetzt diese liegt zentral in Bienenbüttel, so dass die gesamte Infrastruktur weiterhin zu Fuß erreichbar und die Teilhabe am gesellschaftlichen und sozialen Leben selbständig möglich ist. Mit zunehmender Hilfe- und Pflegebedürftigkeit könnten ambulante Pflegedienste und andere Hilfen, z.B. Mittagsdienste, allmählich nach Bedarf hinzugenommen werden. Das ist die Vorstellung der Älteren, die sich gedanklich schon einmal einer eventuellen Hilfe- und Pflegebedürftigkeit angenähert haben. Alternative Wohnformen wie z.B. Senioren-Wohngemeinschaften, also Formen gemeinschaftlichen Lebens, sind ebenso für einen Teil der Älteren vorstellbar.

Altern in der eigenen Häuslichkeit oder alternative Wohnformen sind also die zentralen Wünsche und Themen das zukünftige Alter betreffend. Deshalb ist es von besonderer Bedeutung, genau solche Bedürfnisse auszuformulieren und intensiver zu bearbeiten. Die gelungene Gestaltung der Lebensphase „Alter" wird sich daran messen lassen müssen, inwieweit es gesamtgesellschaftlich selbstverständlich wird, dass Altwerden und Altsein selbständig und selbstbestimmt in jeder Wohn- und Lebensform, auch bei zunehmender Hilfe- und Pflegebedürftigkeit, gefördert und gestaltet werden kann.

## 4.1 Leben und Sterben in der eigenen Häuslichkeit: „Solange wie möglich zu Hause leben"

„Solange wie möglich zu Hause leben" – dieses Zitat aus dem Interviewmaterial drückt den dringenden Wunsch aus, in der eigenen Häuslichkeit alt zu werden und möglichst bis zum Ende dort bleiben zu können. Dieser Wunsch deckt sich mit dem gesamtdeutschen Trend, der seit mindestens 20 Jahren unverändert ist (vgl. Wahl 2001): 93,5 % der über 65 Jährigen leben in Privathaushalten (BMFSFJ 2001). Das sind etwa 9,6 Millionen Privathaushalte, davon sind ca. 52,4 % Einpersonenhaushalte und 42,1 % Zweipersonenhaushalte (StBA 2000). Dabei hat sich auf dem Wohnungsmarkt für Ältere in den letzten Jahren viel getan: Es gibt die Absicherung des Lebens im Alter durch traditionelle Wohnformen für alte Menschen, aber es ist auch eine Fülle an neuen Wohnalternativen entstanden, die nach bereits bestehenden Vorbildern überall angeregt und verwirklicht werden könnten. Allerdings ist es für den überwiegenden Anteil älterer Menschen von großer Bedeutung, nicht noch einmal in einer altengerechten Wohnform oder einer anderen Wohnalternative das Leben „neu beginnen" zu müssen.

Der Grund für diesen Wunsch ist darin zu sehen, dass die eigene Häuslichkeit gerade für ältere Menschen von besonderer Bedeutung ist. Mit den Jahren, die Menschen in einer Umgebung verbringen, entstehen und festigen sich die Verbindungen zu diesem Ort, seinen Menschen, der Wohnung oder dem Haus. Die Netzwerke, die sich jede Frau und jeder Mann aufgebaut haben, sorgen für Sicherheit, Identität und Selbstwertgefühl (vgl. Stimmer 2000). Von besonderer Bedeutung ist für Alternsprozesse, dass sich der Bewegungs-Radius älterer Menschen zunehmend verkleinert und dadurch mit den Lebensjahren die tägliche Aufenthaltsdauer in der Wohnung proportional zunimmt. Dieses Phänomen kann mit einer abnehmenden Beweglichkeit, der Verringerung des Seh- und Hörvermögens und dem damit verbundenen Verlust des Sicherheitsempfindens und des selbstverständlichen Bewegens in der Umwelt erklärt werden. Es erscheint alles nicht mehr so sicher und selbstverständlich außerhalb der eigenen Häuslichkeit.

Die Auseinandersetzung mit dem Alternsprozess ist insbesondere erschwert durch die Wohnsituation und die Verbundenheit zur eigenen Häuslichkeit, die der überwiegende Anteil älterer Menschen hat. Mit zunehmendem Alter kann der gesundheitliche Allgemeinzustand jedes Einzelnen zur Bedrohung des eigenen selbständigen und selbstbestimmten Lebens werden. Das bedeutet, bei zunehmender Hilfe- und Pflegebedürftigkeit eventuell kein eigenständiges Leben im eigenen Haus oder der eigenen Wohnung mehr führen zu können. Solange keine besondere Hilfebedürftigkeit oder gesundheitliche Einschränkung mit dem fortschreitenden Alternsprozess einhergehen, verdrängt der überwiegende Anteil der Älteren die Auseinandersetzung mit dieser Situation. Das wird von den Älteren selbst als „Beiseiteschieben" bezeichnet:

Folgende Zitate

- „sich lieber nicht informieren und enttäuscht werden"

- „man hofft, so pflegebedürftig zu sein, dass einem die Entscheidung, in ein Pflegeheim zu kommen, abgenommen wird"

- „es wird schon werden"

drücken Haltungen aus, die den eventuellen Fall einer Pflegebedürftigkeit zwar einkalkulieren, zugleich aber ein erschreckendes Ausmaß an Passivität zeigen. Die meisten älteren Menschen möchten so lange es geht zu Hause bleiben und sehen sich nicht in der Lage, vor dem konkreten Eintreten einer Pflegebedürftigkeit eine aktive Entscheidung zu treffen.

Der Grund für den fast durchweg geäußerten Wunsch, zu Hause alt zu werden und dort auch sterben zu können, liegt darin, dass in der Gemeinde Bienenbüttel ein großer Teil der Älteren über Eigenheime verfügt, in die sie über viele Jahre sehr viel Arbeit, Geld und Emotionen investiert haben. Und mit der Entscheidung, ein Haus zu kaufen, ist für die meisten die Vorstellung verbunden, dieses für den Rest des Lebens zu bewohnen. Ein Hauskauf ist eine Festlegung, die kaum mehr die Flexibilität zulässt, je nach Lebensalter und Bedürfnissen Wohn- und Lebensformen zu verändern. Den älteren Menschen ist es oft nur allzu deutlich, dass ihre Eigenheime zunehmend zu einer Überforderung werden. Das folgende Zitat aus dem Interview-Material verdeutlicht dieses am Beispiel der Größe des eigenen Hauses. „Ja, im Moment ist es sehr groß, aber wir genießen die Größe. Noch bewerkstelligen wir sie.“

Eine weitere Situationsbeschreibung macht deutlich, wie belastend das eigene Haus mit zunehmendem Alter werden kann: „Viele sitzen in ihren Häusern, sind über 80 Jahre und älter, sie können ihre Gartenarbeit nicht mehr so machen, aber sie haben ihre Nachbarn und Bekannten hier. Sie wollen nicht aus ihrem Haus, und das fällt auch schwer, wenn man schon 30 Jahre da wohnt. Und man denkt auch nicht früher dran zu gehen. Wenn es mal nicht mehr geht, dann wäre Betreutes Wohnen nett oder ein Pflegeheim. Das kommt auf jeden zu, und vielleicht haben sie Glück und können bis zum letzten Tag in ihrem Haus bleiben.“

Auch bereits Pflegebedürftige wünschen sich, in der eigenen Häuslichkeit zu bleiben: „80 % der Pflegebedürftigen können sich heute ein Leben im Heim nicht mehr vorstellen, und die meisten Heimbewohner sind nach Ansicht von Experten faktisch unfreiwillig im Pflegeheim" (Kremer-Preiß/Stolarz 2003). In den letzten Jahren ist zwar bereits eine beträchtliche Anzahl von alternativen Wohn- und Betreuungsformen für ältere Menschen entstanden, die den Sozial- und Lebensraum mit einbeziehen: Wohnungsanpassungen, Beratungen, Netzwerke, Betreutes Wohnen, Altendörfer sowie selbständige Wohnformen. Diese setzen bisher jedoch eher auf den präventiven Charakter und haben sich noch viel zu wenig mit einer Lebens- und Wohngestaltung im Falle von Pflegebedürftigkeit beschäftigt.

Das Wohnen nimmt in prägender Weise Einfluss auf die Lebensverhältnisse und auf das Wohlbefinden älterer Menschen, so dass die selbständigkeitserhaltende und selbständigkeitsfördernde Gestaltung der Wohnung bzw. des Hauses zentrales Merkmal von Wohnqualität im Alter sein sollte (vgl. Hilbert/Naegele 2001 in: Hilbert u a. 2004). „Eine adäquat gestaltete Wohnung kann – im Sinne eines präventiven Technik- und Dienstleistungseinsatzes – dazu beitragen, Hilfe- und Pflegebedürftigkeit zu vermeiden oder zumindest zu verschieben" (Klein/Schnückel 1999), (Hilbert u.a. 2004, S. 60).

Wie bereits eingangs im Kapitel „Wohnen im Alter" dargestellt, ist in den letzten Jahren im Bereich der seniorenorientierten Wohnungsgestaltung einiges entwickelt worden.

„Mögliche Ansatzpunkte für eine seniorenorientierte Gestaltung bieten nicht nur Geräte, Einrichtungsgegenstände und Installationen selbst, sondern auch deren Anordnung im Innenbereich über die Gesamtarchitektur der Wohnung bis hin zur Wohnumfeldgestaltung" (Hilbert u.a. 2004). Letzteres wird zu einer zentralen Gestaltungsaufgabe der kommunalen Politik, bei der es darum gehen wird, in Zukunft selbstverständlich kontinuierlich ein altengerechtes und barrierefreies Umfeld zu denken und zu gestalten.

In Bezug auf die eigene Häuslichkeit gibt es viele Gestaltungsmöglichkeiten: Barrieren, Stolperfallen und Ausrutschmöglichkeiten müssen beseitigt werden, Bäder sollten breiter und schwellenarm sein und mit zusätzlichen Haltegriffen und Stützmöglichkeiten ausgestattet werden. Intelligente Haustechnik, welche die Alltagsorganisation erleichtert, kann ebenfalls dazu beitragen, trotz eingeschränkter Mobilität und abnehmender Kräfte, in der eigenen Häuslichkeit zu altern. So können:

- Fernbedienungen Wege einsparen,

- Risiken, die durch die Benutzung elektrischer Geräte entstehen, durch Technik automatisiert werden,

- moderne Computertechnologien ein „intelligentes Haus" (vgl. Meyer u.a. 1997) ermöglichen, das einen Großteil der Wohnungssteuerung übernimmt,

- Sicherheitstechnologien, die weitere Hilfen und Unterstützungsleistungen bieten, entwickelt werden. Heute gibt es schon Rufsysteme oder

Lichtmelder, sowie akustische Signale für Sehbeeinträchtigte und optische Orientierungsmöglichkeiten für Hörbeeinträchtigte sowie Gedächtnishilfen, die z.B. an die Einnahme von Tabletten erinnern (vgl. Hilbert u.a. 2004).

Bisher jedoch werden solche Informations-, Kommunikations- und Sicherheitstechnologien noch nicht als gewinnbringend eingeschätzt. Hilbert u.a. betonen, dass vor allem das technisch Machbare im Vordergrund steht und zu wenig das, was ältere Menschen wünschen und was ihren Alltag zu vertretbaren Kosten schnell und nachhaltig erleichtern würde. Darüber hinaus gelten viele dieser Produkte als Komfortausstattung, sind zudem wenig bekannt und nachgefragt, so dass ihre Marktdurchdringung aufgrund von Unkenntnis und hoher Preise bisher noch nicht erfolgt ist (vgl. Hilbert u.a. 2004).

Auch können haushaltsnahe Dienstleistungen wesentlich dazu beitragen, ein möglichst langes selbständiges und selbstbestimmtes Leben in der eigenen Häuslichkeit zu ermöglichen. Befragungen haben gezeigt, dass Ältere Unterstützung bei folgenden Tätigkeiten brauchen könnten oder folgende Angebote für hilfreich halten würden:

- im gesundheitlichen und pflegerischen Bereich: Notrufzentrale, Pflegedienste, Begleitung zum Arzt und zu Behörden,
- im Haushalt: Putz- und Haushaltshilfen, Mahlzeiten-, Einkaufs- und Wäschedienste,

- im Umfeld des Hauses oder der Wohnung: kleinere handwerkliche Tätigkeiten, Reparaturdienste, Gartenarbeiten, Winterdienst, Erfüllung der Hausordnung,
- im Umgang mit dem „öffentlichen" Leben: Hilfe bei Finanzangelegenheiten, Unterstützung beim Ausfüllen von Formularen, Beratungsstellen, Begleitung zu Behörden,
- die Mobilität betreffend: Fahrdienste (vgl. Weinkopf 2005).

Bei Hilfe- und Pflegebedürftigkeit werden Aufgaben im und um den Haushalt zu einem Problem, die zuvor selbstverständlich erledigt werden konnten. Es ist zu überlegen, ob und wie Hilfeleistungen eventuell über informell funktionierende Netzwerke organisiert werden könnten und welche haushaltsnahen Dienstleistungen unbedingt von Fachkräften erbracht werden müssten, um die Lebensqualität Älterer mit Hilfebedarf zu sichern.

Die altengerechte Gestaltung des nahen Umfeldes und der eigenen Häuslichkeit wird mit dem demographischen Wandel mehr und mehr in das gesellschaftliche Bewusstsein rücken, auch um Gefahren und evtl. durch Unfälle verursachte Hilfebedürftigkeit zu vermeiden. Barrierefreie Orte, Technologien zur Unterstützung der Selbständigkeit sowie haushaltsnahe Hilfen und Dienste, ob ehrenamtliche oder professionelle, werden für das Wohnen im Alter, unabhängig von der gewählten Wohnform, zu selbstverständlichen Planungseckpunkten werden.

## 4.2 Alternative Wohnformen als Chance?

Seniorenwohnungen, betreutes Wohnen und Seniorenwohngemeinschaften sind als Alternativen zwischen der eigenen Häuslichkeit und der Umsiedlung in ein Alten- und Pflegeheim in den letzten Jahren populär geworden und werden auch von den Älteren in der Gemeinde Bienenbüttel als vorstellbare Möglichkeiten in die engere Wahl gezogen.

Dazu werden von einigen sehr konkrete Vorstellungen formuliert, so dass die bei ihnen offenbar schon länger andauernden Such- und Denkbewegungen deutlich werden. Es gibt die Bereitschaft, aus dem eigenen Haus auszuziehen und noch einmal etwas Neues zu wagen, wenn durch eine neue Wohnform eventuelle Beeinträchtigungen des Alternsprozesses abgemildert würden.

Wie bereits im Kapitel „Wohnen im Alter" dargestellt, werden Seniorenwohnungen oder Betreutes Wohnen als mögliche Wohnformen benannt, wenn sie bestimmte Bedingungen erfüllen: Seniorenwohnungen, betreute sowie gemeinschaftliche Wohnformen müssten zentral in Bienenbüttel sein, so dass die gesamte Infrastruktur zu Fuß erreichbar und die Teilhabe am gesellschaftlichen und sozialen Leben selbständig möglich wäre. Mit zunehmender Hilfe- und Pflegebedürftigkeit müssten ambulante Pflegedienste und andere Hilfen wie Mittagsdienste zur Verfügung stehen. Eine weitere zentrale Bedingung jedoch ist die Finanzierbarkeit dieses Angebots.

Diese Wohnangebote für ältere Menschen könnten ergänzt werden durch eine Begegnungsstätte mit weiteren altersspezifischen Angeboten wie z.B. einer Tagesstätte oder einem Mittagstisch auch für Ältere aus der Umgebung.

Für Senioren-Wohngemeinschaften werden, abgesehen von einer Senioren-WG in zentraler Lage in Bienenbüttel, auch die Dörfer als ideale Orte angesehen. Da könnte ein Resthof die ideale Größe haben und ausreichende Räumlichkeiten für eine Gruppe von Älteren bieten, die gemeinsam ihren Lebensabend aktiv gestalten wollen und bei Bedarf Hilfen und Unterstützung von Hilfe- und Pflegediensten anfordern. Überlegungen gibt es auch, eine Pflegekraft, die mit im Haus wohnt, einzuplanen.

Für alternative Wohnformen wie gemeinschaftliches Wohnen in betreuten Wohnformen oder Mehrgenerationenwohnen sowie altersgleiches Wohnen in Gemeinschaft ist grundlegende Bedingung, dass sich Menschen finden, die sich schon frühzeitig zu einer Veränderung ihrer Wohnsituation entschließen, wenn später das Prinzip gegenseitiger Hilfe und Unterstützung im Alltag funktionieren soll. Es muss auch darüber nachgedacht werden, wie, wo und in welcher Form Nähe - Distanz und gegenseitige Hilfe- und Unterstützungsleistungen gelebt werden sollen.

Für die Gemeinde Bienenbüttel gibt es Potenziale für die Entstehung alternativer Wohnformen wie z.B. einer Senioren-Wohngemeinschaft. Hierfür ist es notwendig, dass sich Interessierte finden, die bereit sind, einen langen Entwicklungsprozess miteinander zu gehen, um Entscheidungen zu treffen im Hinblick auf

◆ den Ort (direkt in Bienenbüttel oder ein Resthof in einem kleineren Ort),

◆ die Finanzierung,

◆ die gegenseitige Hilfe- und Unterstützungsform,

◆ die zusätzliche Inanspruchnahme eines ambulanten Pflegedienstes oder einer persönlichen Pflegekraft,

◆ die Art und Weise bzw. die Verbindlichkeit des Zusammenlebens.


Kremer-Preiß und Stolarz sehen vor allem zwei unterschiedliche Bedarfslagen für zukünftige Wohnformen. Zum einen besteht der Bedarf an größtmöglicher Selbständigkeit und der freien Wahl von Gemeinschaften nach jahrzehntelanger Familien- und Berufsarbeit. Zum anderen sind Wohnformen erforderlich, die umfassende Hilfe gewährleisten, der Vereinsamung entgegenwirken, weniger auf Selbständigkeit als auf Selbstbestimmung trotz schwerwiegender körperlicher und auch psychischer oder geistiger Einbußen setzen (Hochaltrigkeit). Der Bedarf nimmt in den nächsten Jahren kontinuierlich zu und wird vor allem langfristig hoch sein (vgl. ebd. 2003, S. 211). Dabei gilt es, Übergänge zu gestalten bzw. darüber nachzudenken, wie Selbständigkeit und die freie Wahl der Gemeinschaft mit oder trotz schwerwiegender körperlicher und geistiger Einbußen in einer Wohnform vereint werden könnten.

Es sind veränderte Erwartungshaltungen an das Wohnen im Alter entstanden, unter den Prämissen

- so lange wie möglich selbständig und in vertrauter Umgebung,
- selbstbestimmt und selbständig leben können, auch bei Hilfe- und Pflegebedürftigkeit,
- etwas Neues ausprobieren: Es gibt eine Umzugsbereitschaft von 65 % für eine Wohnalternative im Alter. Diese Bereitschaft nimmt jedoch mit zunehmendem Alter ab. Ein älterer Mensch in der Gemeinde Bienenbüttel beschrieb dieses Phänomen ganz treffend: Es gebe viele, die in ihren Einfamilienhäusern sitzen und denken: „Je älter man wird, desto weniger Mut hat man dann zu gehen."

Langsam wächst die Zahl älterer Menschen, die bereit sind, im Alter umzuziehen und noch einmal etwas Neues zu probieren. Jenseits des 55. Lebensjahrs sind rund 20 % der Bewohner von Eigenheimen und 50 % der Bewohner von Mietwohnungen bereit, umzuziehen. Es gibt einen stetig wachsenden Bedarf an Wohnformen, die ein selbstbestimmtes Leben ermöglichen, aber auch bei zunehmender Hilfe- und Pflegebedürftigkeit Hilfe und Pflege gewährleisten können. Dennoch ist zu bedenken, das sich jede alternative Wohnform für alte Menschen daran messen lassen muss, wie sie im Falle eintretender oder schleichend zunehmender Hilfe- und Pflegebedürftigkeit

eines älteren Menschen auch weiterhin - soweit wie möglich – ein selbstbestimmtes und selbständiges Leben fördert und unterstützt.

Zusammenfassend gilt, dass für die Gestaltung alternativer Wohnformen
mindestens vier Bedingungen gemeinsam erarbeitet werden müssen, die vor
dem Einzug klarzustellen sind, um das Gelingen von Wohngemeinschafts-
projekten zu gewährleisten.

Sie betreffen:

♦  Die Gestaltung des alltäglichen Lebens im Alter:

   Stadt oder Land, Größe des Hauses oder der Wohnung, Grad der Infrastruktur, der Hilfe und Versorgung, der Freizeit etc.; die Relation von
   Gemeinschaft und Eigenständigkeit; die Verbindlichkeit für jeden Einzelnen, in der Gemeinschaft mitzumachen etc.

♦  Die Finanzierung:

   Was kostet die Lebensqualität? Unterschiedlichkeit und Vielfalt der Bedürfnisse müssen berücksichtigt werden, nämlich unterschiedliche
   Wohnungsgrößen, Gemeinschaftsräume mit welchen Funktionen und
   wofür (z.B. gemeinsame Küche? Pflegebad? Das Notwendigste oder
   Luxus?)

♦  Nähe und Distanz:

   Wie viel Gemeinschaft und Verbindlichkeit kann es mindestens geben
   und wie viel muss es geben, damit Gemeinschaft gelebt werden kann?
   Damit im Zusammenhang steht die Frage nach den Aufgaben, die jede
   und jeder für die Gemeinschaft übernimmt, damit es so viele Berüh-

rungspunkte gibt, dass gegenseitiges Wahrnehmen, Kennen lernen, Helfen, Unterstützen möglich wird: „Vom Nachbarn zum Freund und wieder zurück", wäre ein passendes Motto. Wer begleitet diesen Prozess? Müssen „besonders geeignete" Menschen dafür gesucht werden?

♦ Hilfe- und Pflegebedürftigkeit:

Bei zunehmender Hilfe- und Pflegebedürftigkeit, die jeden treffen kann, wird es ein Einzugskriterium sein, ob ein weiterer Umzug in ein Pflegeheim notwendig wird oder ob die Wohngemeinschaft der letzte Lebensort sein kann. Davon werden Entscheidungen für oder gegen die Wohngemeinschaft als alternativer Lebensort abhängen, denn nicht nur die Gemeinschaft ist ein wesentliches Kriterium. Niemand soll befürchten müssen, irgendwann so hilfe- und pflegebedürftig zu sein, dass ein weiterer Umzug nicht zu umgehen ist. Es muss dafür gesorgt werden, dass innerhalb der Wohngemeinschaft Hilfe und Pflege bis zum Tod möglich ist, sonst wird sich eine solche Wohngemeinschaft nicht als Alternative zu traditionellen Wohnformen durchsetzen können. Die Wohngemeinschaft wäre sonst lediglich eine Wohnform, die aus nostalgischen Gründen von einigen gewählt wird, weil sie bereits zuvor ähnliche Erfahrungen in der Jugendphase oder dem jungen Erwachsenenalter gesammelt haben.

Neben dem Wohnen als zentraler Dimension, die den Prozess des Alterns mitbestimmt, ist nämlich die Sicherheit, bei Hilfe- und Pflegebedürftigkeit gut versorgt zu werden, relevant für die Lebensqualität im Alter.

## 5.    Zwischen Zuhause und Pflegeheim: Hilfe- und Pflegebedürftigkeit

Der eventuell eintretende Fall einer mit dem Alter zunehmenden Hilfe- und Pflegebedürftigkeit wird von den in der Gemeinde Bienenbüttel befragten Frauen und Männer weitgehend verdrängt. Das folgende Zitat aus dem Interviewmaterial macht deutlich, wie ein Großteil der älteren Bevölkerung zu dem Thema steht: „Darüber denke ich nicht nach! Das wird sich irgendwie ergeben." Diese Einstellung lässt erkennen, dass die Auseinandersetzung mit Alternsprozessen eine besondere Herausforderung für jeden Menschen darstellt.

Niemand wünscht sich, in eine solch hilflose und zugleich hilfsbedürftige Situation zu geraten, in der unter Umständen schwerwiegende Veränderungen nicht nur die Psyche und die Physis betreffen, sondern den gesamten Lebenszusammenhang. Mit eintretender und sich allmählich verschlechternder körperlicher, geistiger und seelischer Verfassung ist im Alter zugleich die Verbindung zum Tod und zur Endlichkeit geschaffen.

Ein komplexes Bedingungsgefüge führt dazu, sich eine solche Situation nicht vorzustellen und daher auch nicht über Erleichterungen oder eine bestmögliche Versorgung nachzudenken. So wird die Versorgung und Pflege alter, hilfe- und pflegebedürftiger Menschen auch nicht zu einem gesellschaftlich breit diskutierten Thema mit dem Ziel, ein Hilfe- und Pflegenetzwerk zu gestalten, in dem auch hilfe- und pflegebedürftigen alten Menschen ein gutes Leben möglich ist.

Kaum jemand möchte im Fall eintretender Hilfe- und Pflegebedürftigkeit in ein Pflegeheim. Das bedeutet jedoch, darüber nachzudenken und Vorsorge zu treffen, wie und mit welchen Hilfsmitteln ein Verbleib in der eigenen Häuslichkeit möglich ist. Einen stationären Aufenthalt zu vermeiden, heißt sich darüber klar zu werden, was alles an Angeboten in Bezug auf die Hilfe und Pflege zuhause organisiert werden müsste. Wenn jemand alleine lebt und nicht einmal die Grundversorgung wie z.B. die Versorgung mit Nahrungsmitteln gesichert ist, führt ein Verbleib im eigenen Haus zur Verelendung und ist lebensbedrohlich.

Der Wunsch danach, so lange wie möglich zu Hause zu bleiben und dort auch zu sterben, hat für die Befragten überwiegend Priorität. Es gibt Ideen, wie Hilfe und Pflege organisiert werden könnte, z.B. wird der Oma-Hilfsdienst genannt, der jedoch kostenintensiv ist. Eine weitere Idee ist, dass jemand mit ins Haus einzieht und als „private Pflegekraft" versucht, Hilfe und Pflege zu übernehmen. Selten wird an die Kinder als „Pflegekräfte" gedacht. Die überwiegende Anzahl wünscht sich, im Falle der Hilfe- und Pflegebedürftigkeit nicht auf die eigenen Kinder angewiesen zu sein. Nur einige wenige haben eine Erwartungshaltung an die Familie insgesamt und gehen davon aus, dass es eine Selbstverständlichkeit ist, im Familienkreis gepflegt und umsorgt zu werden.

Das Alten- und Pflegeheim kommt für die Mehrheit der Befragten nur in Betracht, „wenn es gar nicht anders geht". Es muss an diesem Punkt offen bleiben, was das heißt, denn kaum jemand ist in der Lage, sich diesen Fall für sein eigenes Leben vorstellen zu können. Eine wirkliche Auseinandersetzung mit diesem Fall findet nicht statt. „Wenn es gar nicht anders geht" kann sich auf beinahe jedes Kriterium innerhalb der Pflege und Versorgung beziehen. Kaum jemand wird dabei konkreter, was das für den eigenen Fall bedeuten könnte. Die Umsiedlung in ein Alten- und Pflegeheim könnte anstehen, wenn

♦ es keinen Angehörigen gibt, der sich kümmern könnte,

♦ der Grad der Hilfe- und Pflegebedürftigkeit die Angehörigen überfordert,

♦ ambulante Pflegedienste nicht mehr ausreichen,

♦ die Gefährdung des eigenen Lebens durch die Hilfe- und Pflegebedürftigkeit extrem wird wie z.B. bei einer schweren Demenz.

In der Gemeinde Bienenbüttel könnte es jedoch auch zu dem Extremfall kommen, dass ein alter Mensch in ein Alten- und Pflegeheim umsiedeln müsste, weil seine infrastrukturelle Versorgung nicht mehr gesichert ist. Dies wäre der Fall, wenn er nicht mehr mobil wäre und kaum Kontakte zu anderen Menschen im Dorf hätte. Dieser alte Mensch wäre nicht in der Lage, sich ausreichend mit Nahrungsmitteln zu versorgen oder im Notfall rechtzeitig Hilfe zu holen, weil ihm nicht klar wäre, an wen er sich wenden könnte. Im Extremfall könnte der Satz „wenn es gar nicht anders geht" bedeuten, in ein Alten- und Pflegeheim ziehen zu müssen, ohne direkt pflegebedürftig zu sein.

Für die Gemeinde Bienenbüttel ist es von besonderer Bedeutung, sich bewusst zu sein, dass ihre Bewohner möglichst zu Hause leben und sterben wollen. Dazu wird noch einmal genauer zu überlegen sein, welche medizinischen, pflegerischen und sozialen Netzwerke hierfür bereitstehen müssen.

Weiterhin bedeutet dies, dass in der Gemeinde Bienenbüttel geklärt werden muss, welche Erfordernisse notwendig sind, um bei Hilfe- und Pflegebedürftigkeit den Verbleib in der eigenen Häuslichkeit mit einem Mix aus ambulanter Pflege und ehrenamtlichen Diensten zu ermöglichen. Dazu könnten u.a. folgende Angebote unterstützend und notwendig sein:

♦ Beratung über Vorsorge und Pflege; Sozialberatung; Wohnraumanpassungsberatung,

♦ Angehörigenarbeit,

♦ Kurse für Angehörige und andere Ehrenamtliche über Pflege, Krankheitsbilder, den Umgang mit Hilfe- und Pflegebedürftigen,

♦ Vernetzung von Pflegenden, um sich gegenseitig zu entlasten,

♦ die Organisation von Kurzzeit- oder Tagespflege mit einer stationären Einrichtung, „Sitterdienste" für Pflegebedürftige

♦ Fahrdienste,

♦ Haustechnik und technische Hilfsmittel (siehe Wohnen im Alter) wie z.B. Hausnotruf, Medikamentenanruf sowie Kontaktanrufe,

◆ Hilfen zur Kontaktpflege wie z.B. Spaziergänge, Ausflüge und gemeinsamer Besuch von Veranstaltungen oder Besuchsdienste etc..

Alles das könnte dazu beitragen, Hilfe- und Pflegebedürftigkeit in der eigenen Häuslichkeit lebbar zu machen.

## 6.      Mobilität: „Es fährt einmal am Tag ein Bus nach Berlin.“

Mobilität bedeutet, dass man in der Lage ist, sich von einem bestimmten Ort
zum anderen in einem bestimmten zeitlichen Rahmen zu bewegen. Die Entfernungen, die dabei überwunden werden, reichen von wenigen Metern bis
hin zu vielen Kilometern, oder sie sind so groß, dass sie nur mit einem
Flugzeug zu überwinden sind. „Wie die Strecken zurückgelegt werden,
hängt außer von den geographischen und siedlungsstrukturellen Verhältnis-
sen einer Region, von klimatischen Bedingungen und kulturellen Traditio-
nen, vom Vorhandensein infrastruktureller Einrichtungen und von den jeweils verfügbaren Verkehrsmitteln ab“ (Mollenkopf 2006 in: BAGSO
2006).

Die Abhängigkeit von fremden Verkehrsmitteln kann mit gesundheitlichen
Beeinträchtigungen im Alter wie z.B. nachlassender Bewegungsfähigkeit
oder einem geringeren Hör- und Sehvermögen zunehmen, da die eigene
körperliche Mobilität und die Möglichkeit, selbständig mittels Fahrrad oder

Auto mobil zu sein, abnimmt. Mit der Abhängigkeit von der Mobilität anderer ist jedoch, insbesondere auf dem Land, die selbständige Versorgung gefährdet, da die örtliche Nahversorgung und öffentliche Einrichtungen zentralisiert sind (vgl. ebd. 2006).

Im Hinblick auf die Mobilität innerhalb der Gemeinde Bienenbüttel war die ironische Aussage eines älteren Mitbürgers sehr treffend, dass nämlich die Bienenbütteler einen direkten Draht in die Bundeshauptstadt hätten, da einmal pro Tag ein Bus nach Berlin fahre und man in Bienenbüttel auch zusteigen könne. Das aber ist auch die einzige West-Ost Verbindung, die es gibt. Die verschiedenen Ortsteile selbst sind weder in Ost-West noch in West-Ost Richtung über den öffentlichen Nahverkehr miteinander verbunden.

Der Verkehr per Straße und Bahn ist in der Nord-Südrichtung durch die Bundesstraße 4 und die Bahnlinie gut ausgebildet. Es ist also sehr einfach, - auch per Bahn, wenn kein Auto vorhanden ist - Orte wie Lüneburg oder Hamburg im Norden oder Bad Bevensen, Uelzen oder Hannover im Süden per Bahn im Stundentakt zu erreichen, wenn man erst einmal den Bahnhof Bienenbüttel erreicht hat. Im Folgenden wird genauer dargestellt, wie der öffentliche Nahverkehr Bienenbüttel und seine Ortsteile untereinander verbindet und Verbindungen nach außerhalb herstellt.

# 6.1 Möglichkeiten der Nutzung des öffentlichen Nahverkehrs in Bienenbüttel und den Ortsteilen

Abbildung 4: Bienenbüttel und seine Ortsteile:

Neben der verkehrsgünstigen Anbindung an die Bundesstraße B 4 (gelb) in Richtung Uelzen oder Lüneburg verfügt der Ort Bienenbüttel über einen Bahnhof (DB) mit Anbindung an die Verkehrsstrecken Richtung Uelzen bzw. Hamburg.

Somit ist es den Bewohnern möglich, von Bienenbüttel aus mit der Bahn in 10 Minuten in Lüneburg und in 45 Minuten am Hamburger Hauptbahnhof zu sein. In der anderen Richtung gibt es die Möglichkeit, in 5 Minuten in Bad Bevensen oder in 20 Minuten in Uelzen zu sein. Die Regionalbahn „Metronom" verkehrt täglich im Stundentakt von Bienenbüttel aus in jede Richtung, so dass sich hier auch für die älteren Menschen in Bienenbüttel die Möglichkeit ergibt, für größere Besorgungen nach Lüneburg oder Hamburg bzw. nach  Bad Bevensen oder Uelzen zu fahren und dort auch kulturelle Angebote (Theater, Konzerte etc.) zu nutzen.

Die meisten Ortsteile der Gemeinde Bienenbüttel sind jedoch nicht an den öffentlichen Nahverkehr (Bus, Eisenbahn) angeschlossen, verfügen also nicht über einen einfachen Zugang zu Verkehrsmitteln. Für die Bewohner der Ortsteile oder für diejenigen, die nicht im Ortskern von Bienenbüttel wohnen, ist es schwierig, ohne Auto zum Bahnhof zu gelangen. Es gibt drei öffentliche Buslinien des RBB (Regionalbus Braunschweig), die unterschiedliche Orte und Haltestellen in der Gemeinde Bienenbüttel anfahren:

Die Linie 5605 verkehrt von Uelzen ZOB bis Lüneburg ZOB und umgekehrt. Dabei gibt es für den Zustieg und die Nutzung der Linie in beiden Richtungen in Bienenbüttel folgende Möglichkeiten:

♦ Bargdorf B 4, Abzweig Bargdorf (1,5 km vom Dorf entfernt)

♦ Bienenbüttel Sandweg,

♦ Bienenbüttel Uelzener Straße,

♦ Bienenbüttel Bahnhof,

♦ Bienenbüttel Am Heidberg,

♦ Grünhagen.

Somit gibt es theoretisch für die Bewohner von Bargdorf - die Bushaltestelle liegt allerdings weit außerhalb des Ortes - und Grünhagen täglich mehrmals die Möglichkeit, nach Bienenbüttel und zurück zu kommen oder auch direkt mit dem Bus nach Lüneburg, Uelzen oder Bad Bevensen zu fahren. Der Bus verkehrt von Montag bis Sonnabend mehrmals täglich, an Sonn- und Feiertagen jedoch gar nicht.

Die Linien 1959 (Bad Bevensen Bahnhof – Bornsen und zurück) und 1962 (Bad Bevensen Bahnhof – Uelzen ZOB und zurück) verkehren ebenfalls täglich, allerdings fahren sie nicht nach Bienenbüttel. Haltestellen gibt es nur in folgenden Ortsteilen der Gemeinde Bienenbüttel:

♦ Bornsen

♦ Rieste

♦ Varendorf

Von diesen drei Ortsteilen aus kann man direkt nach Bad Bevensen oder Uelzen mit dem Bus fahren, eine Verbindung nach Bienenbüttel oder Lüneburg gibt es jedoch nicht.

Daneben gibt es noch Schulbuslinien, die morgens und mittags nahezu jeden Ortsteil anfahren. Sie nehmen jedoch nur Schulkinder mit und sind ohnehin meistens überfüllt.

Die Möglichkeiten, mit dem öffentlichen Personennahverkehr von den Ortsteilen der Gemeinde Bienenbüttel innerhalb der Gemeinde oder auch nach außerhalb irgendwo hinzukommen, sind also sehr beschränkt. Wenn kein eigenes Auto vorhanden ist, gibt es kaum eine Mobilität. Von den meisten Ortsteilen aus ist es nicht möglich, mit dem öffentlichen Nahverkehr in den Ortskern zu kommen, um Besorgungen, Arztbesuche etc. zu erledigen.

Die Gemeinde Bienenbüttel reagierte darauf, indem sie neben dem bestehenden öffentlichen Personennahverkehr einen privaten Bus-Pendelverkehr einsetzte, der an zwei Tagen in der Woche - Dienstag und Donnerstag – fuhr. Dienstags konnten die Bewohner aus Grünhagen, Eitzen I, Bardenhagen, Beverbeck, Grünewald, Rieste, Bornsen, Varendorf, Steddorf, Neu-Steddorf und Bargdorf nach Bienenbüttel fahren und donnerstags die aus Wichmannsburg, Edendorf, Hohnstorf, Wulfstorf, Niendorf und Hohenbostel. Bewohner aus den Orten der Dienstagsrunde des Buspendelverkehrs konnten sich also nicht mit denen der Donnerstagsrunde verabreden und eventuell in Bienenbüttel treffen.

Tabelle 5: Fahrzeiten Bus-Pendelverkehr (dienstags)

| Fahrzeiten: Autoruf Bienenbüttel (Bus-Pendelverkehr) | | |
|---|---|---|
| **Dienstag** | **Hintour** | **Rücktour** |
| | 8:30 Grünhagen | 11:45 Bienenbüttel |
| | 8:35 Eitzen I | 11:50 Grünhagen |
| | 8:39 Bardenhagen | 11:55 Eitzen I |
| | 8:44 Beverbeck | 11:59 Bardenhagen |
| | 8:48 Grünewald | 12:04 Beverbeck |
| | 8:50 Rieste | 12:08 Grünewald |
| | 8:55 Bornsen | 12:12 Rieste |
| | 9:00 Varendorf | 12:17 Bornsen |
| | 9:05 Steddorf | 12:22 Varendorf |
| | 9:07 Neu-Steddorf | 12:27 Steddorf |
| | 9:12 Bargdorf | 12:29 Neu-Steddorf |
| | 9:17 Bienenbüttel | 12:34 Bargdorf |

Tabelle 6: Fahrzeiten Bus-Pendelverkehr (donnerstags)

| Fahrzeiten: Autoruf Bienenbüttel (Bus-Pendelverkehr) | | |
|---|---|---|
| **Donnerstag** | **Hintour** | **Rücktour** |
| | 8:30 Wichmannsburg | 11:45 Bienenbüttel |
| | 8:33 Lietzberg | 11:50 Wichmannsburg |
| | 8:40 Edendorf | 11:53 Lietzberg |
| | 8:45 Hohnstorf | 12:00 Edendorf |
| | 8:51 Wulfstorf | 12:05 Hohnstorf |
| | 8:55 Niendorf | 12:13 Wulfstorf |
| | 9:00 Hohenbostel | 12:17 Niendorf |
| | 9:12 Bienenbüttel | 12:22 Hohenbostel |

Der Fahrpreis von 3,50 Euro für eine einfache Fahrt und 7 Euro für Hin- und Rückfahrt war zudem für einen Rentner oder eine Rentnerin einmal pro Woche sehr hoch.

Dieser Pendelbusverkehr fuhr jeden Ortsteil einmal in der Woche an, so dass allen älteren Menschen, die kein eigenes Auto hatten und auch ansonsten nicht mobil waren, dennoch die Chance eröffnet wurde, wenigstens einmal in der Woche nach Bienenbüttel zu fahren für Arztbesuche, Behördengänge, Sparkassenbesuch etc. und um Besorgungen zu machen. In Bienenbüttel hatten sie ca. zwei Stunden Zeit zur Verfügung. Dieses war wenig, wenn man z.B. einen Arztbesuch plante, jedoch keinen Termin hat, noch etwas einkaufen wollte oder noch andere Aufgaben zu erledigen hatte. Problematisch waren zudem die langen Wegezeiten: Von manchen Ortsteilen aus brauchte der Buspendelverkehr fast 1 Stunde zum Zielort Bienenbüttel.

Inzwischen ist dieser Busverkehr eingestellt worden, da er aus den oben geschilderten Gründen kaum angenommen wurde und nicht mehr zu finanzieren war. Es wird derzeit in den Gremien der Gemeinde darüber nachgedacht, wie man einen solchen Busverkehr flexibler gestalten kann, eventuell durch einen „Ruf-Busverkehrs" statt des bisherigen starren Pendelverkehrs, so dass die Bewohner der Ortsteile die Möglichkeit bekommen, den Busverkehr so zu nutzen, wie er ihren Bedürfnissen entspricht. Ähnliche Modelle gibt es bereits in anderen Landkreisen und Gemeinden.

## 6.2 Alternative Lösungen zum Mobilitätsproblem – „Es muss eben immer einer da sein, der für dich da ist"

Die Mobilität und die Möglichkeit, mobil und damit unabhängig und selbstbestimmt zu sein, ist in allen Interviews zum Thema gemacht worden. Die älteren Menschen in der Gemeinde Bienenbüttel wissen, dass das eigene Auto oder die Nutzung eines Autos Freiheit und Unabhängigkeit bedeuten. In dem Moment, in dem es aus Gesundheits- oder Altersgründen nicht mehr möglich ist, ein Auto zu fahren, macht sich der Alternsprozess besonders negativ bemerkbar.

Das ist jedem Bewohner in der Gemeinde Bienenbüttel nur allzu klar. Wer weiter als 500 m entfernt von den Geschäften in der Bahnhofstraße Bienenbüttels wohnt, ist ohne Auto im Alter immer auf jemanden angewiesen, der einen mit dem Lebensnotwendigsten versorgt. Mit dem Verlust der Fahrtüchtigkeit wird denjenigen in den kleineren Orten, in denen es kaum eine Infrastruktur wie z.B. Einkaufsmöglichkeiten gibt, nur allzu deutlich, dass sie auf Hilfe angewiesen sind, weil sie nicht mehr in der Lage sind, für sich selbst zu sorgen. Die Versorgung wird auch medizinisch, pflegerisch, kulturell und sozial zum Problem. Auf dem Lande steht und fällt ein gutes Leben im Alter mit der Chance auf Mobilität.

Es gibt jedoch viele Ideen, die Mobilität einigermaßen zu sichern, die von den Einwohnern bisher schon entwickelt wurden und auf ihre Realisierung hin noch weiter betrachtet und ausgebaut werden könnten.

Die Idee des Bus-Pendelverkehrs wurde prinzipiell als gut eingeschätzt, für problematisch wurden jedoch die langen Fahrzeiten, die hohen Kosten und die Unflexibilität gesehen. Das sind wohl auch die Gründe, warum der Pendelverkehr schließlich eingestellt wurde.

Wie bereits eingangs im Kapitel „Mobilität im Alter" dargestellt, organisieren in einigen Orten der Gemeinde Bienenbüttels die Kirche und die Feuerwehr Fahrdienste. Ein älterer unmobiler Mensch braucht nur anzurufen und wird abgeholt und wieder nach Hause gebracht. Dies wird als Nachbarschaftshilfe angesehen, die gegenseitig selbstverständlich sein sollte. Es ist ein möglicher Ausgangspunkt für die Lösung des Mobilitätsproblems. Weitere bereits erwähnte Ideen zur aktiv gestalteten Nachbarschaftshilfe sind folgende:

- Die Überlegung eines Mitgliedes der Feuerwehr ist die Einrichtung eines Fahrdienstes, der, z.B. mit gesponserten Fahrzeugen, von der Feuerwehr übernommen wird und günstigere Fahrten als mit dem Bus-Pendelverkehr anbieten könnte. Die Mitglieder der Feuerwehr wären bereit, solche Fahrdienste zu übernehmen.

- In jedem Ortsteil könnte, auch in Verbindung mit einer Vereinstätigkeit, eine Vermittlungsstelle eingerichtet werden, wo regelmäßige Fahrten mobiler Einwohner gebündelt werden mit der Angabe von freien Plätzen, so dass Mitfahrgelegenheiten angeboten werden könnten. Oder es könnten auch unter Zusammenarbeit z.B. mit Arztpraxen gebündelte

Termine für Bewohner eines Ortsteils vereinbart werden, so dass diese dann gemeinsam die eine oder andere Fahrgelegenheit nutzen könnten.

♦ Es könnte auch ein privater Verkehrsverbund gegründet werden, der die Mobilitätsmöglichkeiten aller Bewohner, auch z.B. von Familien mit kleinen Kindern, erhöht. Es ist ja in jedem Dorf so, dass jeder mal auf jeden angewiesen ist. Das ist normal, und würde es etwas durchorganisiert, gäbe es das Mobilitätsproblem weit weniger drastisch. Hinter dieser Einstellung steht die Überlegung, dass die Mobilität über Nachbarschaftshilfe lösbar ist und mit der Bereitschaft, sich gegenseitig zu unterstützen, selbstverständlich sein könnte. Zudem wäre diese Lösung flexibler und kostengünstiger als die bisherigen Angebote.

♦ Für diejenigen Älteren, die bisher noch mobil sind oder die über ein eigenes Auto verfügen, wäre es innerhalb eines Ortsteils denkbar, „Car-Sharing" einzuführen. Die Kosten für den Betrieb und Unterhalt eines Autos steigen, vor allem auch mit den Benzinkosten, wobei die Autos gar nicht mehr jeden Tag genutzt werden. Würde ein Auto von mehreren in der Nachbarschaft gemeinsam genutzt, könnten die Kosten geteilt werden, und jeder könnte das Auto benutzen. Im Fall einer Krankheit wäre vielleicht auch jemand aus der „Car-Sharing"-Runde bereit, den anderen zum Arzt oder zur Apotheke zu fahren.


Den Bewohnern der stationären Einrichtungen der Altenpflege in der Gemeinde Bienenbüttel stellt sich das Mobilitätsproblem nicht in diesem Maß. Die Fachkräfte und Professionellen dieser Einrichtungen bieten ihnen nämlich an, sie bei Bedarf in das nächste Dorf oder nach Bienenbüttel zu fahren. Doch auch hier würde eine Möglichkeit begrüßt, durch die Ältere selbständig und selbstbestimmt nach Bienenbüttel kommen könnten. Die Einrichtungen wären damit auch besser als bisher an das Dorfleben angeschlossen und nicht so „außen vor", wie es sich durch ihre räumliche Lage bisher ergibt.

Das mit der mangelnden Mobilität verbundene Versorgungsproblem könnte durch „mobile Händler", die in die Orte kommen, entschärft werden. Dieses Angebot, Nahrungsmittel oder auch fahrende Büchereien zu den Menschen zu bringen, ist jedoch sehr kostenintensiv. Eine weitere Möglichkeit könnte ein Bring-Service der größeren Einkaufsmärkte sein, die einmal pro Woche die Einkäufe zu denjenigen bringen, die nicht mehr mobil sind. Dagegen ist jedoch einzuwenden, dass die Älteren noch weniger vor die Tür kämen und die selbstverständlichen sozialen Kontakte, die mit dem Einkaufen verbunden sind, u.U. wegfielen.

## 7. Zusammenfassung und Ausblick auf notwendige Weiterarbeit in der Gemeinde Bienenbüttel

Für einen Ausblick auf weitere mögliche Schritte in der Nachfolge dieses Berichtes ist es wichtig, noch einmal zusammenzufassen, welche Kräfte mit der Forschung zur Altenhilfeplanung in der Gemeinde Bienenbüttel angeregt und mobilisiert wurden. Es hat sich gezeigt, dass es bereits ein großes

Potenzial an Überlegungen und Ideen für spezifische Problemlagen des Alterns gibt.

In dem vorliegenden Bericht werden das umfangreiche Wissen über die Lebenslagen im Alter und die Wünsche für ein Leben im Alter gebündelt vorgelegt. Er ist auf der Basis einer aktiven Beteiligung aller Personen entstanden, die mit dem Altern in der Gemeinde Bienenbüttel befasst sind:

- den älteren Frauen und Männer aus nahezu allen Ortsteilen der Gemeinde Bienenbüttel,
- den Fachkräften der örtlichen Dienste und Einrichtungen der Altenpflege sowie
- den Vereinen, Verbänden und Institutionen, die an der Lebensgestaltung in den einzelnen Dörfern beteiligt sind.

Es wurden 53 Männer und Frauen, die älter als 55 Jahre sind, intensiv nach ihren Wünschen und Vorstellungen zu ihrem Leben im Alter befragt. 29 weibliche und 24 männliche Interviewpartner nahmen an den leitfadengestützten offenen Experteninterviews teil, die mit einem Aufnahmegerät aufgezeichnet und anschließend wörtlich niedergeschrieben wurden, um sie wissenschaftlich auszuwerten. Die Altersspanne lag zwischen 58 und 86 Jahren.

Tabelle 7: Alter der befragten Älteren

| Altersgruppe Interviewter | Anzahl + Anteil an Gesamtanzahl |
|---|---|
| Keine Angabe | 26 % (14) |
| Über 80 Jahre | 6 % ( 3) |
| 76-80 Jahre | 15 % ( 8) |
| 71-75 Jahre | 4 % ( 2) |
| 66-70 Jahre | 30 % (16) |
| 61-65 Jahre | 11 % ( 6) |
| 58-60 Jahre | 8 % ( 4) |
| **Gesamt** | **53 Interviews** |

Es konnten nahezu aus jedem Ortsteil ältere Menschen für ein Interview gewonnen werden. Nur die Ortsteile Bornsen, Niendorf und Steddorf sind im sogenannten Sample nicht vertreten, da während der Untersuchungsphase von September 2005 bis März 2006 niemand erreicht werden konnte, der an einem Interview interessiert gewesen wäre. Die Bereitschaft teilzunehmen war freiwillig, und viele Interviewte wurden über die Zeitungen, Vermittlungspersonen oder Ansprechpartner in Vereinen gewonnen. So kommt es, dass nicht in jeder Altersgruppe und nach Anteilen der Einwohnerzahl Interviews durchgeführt wurden.

Tabelle 8: Befragte Ältere nach Ortsteilen

| Wohnort | Anzahl der Interviewpartner | Prozentualer Anteil an allen Interviewten |
|---|---|---|
| **Bienenbüttel** | 21 | 39,6 % |
| **Bargdorf** | 4 | 7,5 % |
| **Beverbeck** | 3 | 5,7 % |
| **Bornsen** | - | - |
| **Edendorf** | 3 | 5,7 % |

| Eitzen I | 2 | 3,8 % |
|---|---|---|
| Grünhagen | 3 | 5,7 % |
| Hohenbostel | 2 | 3,8 % |
| Hohnstorf | 4 | 7,5 % |
| Niendorf | - | - |
| Rieste | 1 | 1,9 % |
| Steddorf | - | - |
| Varendorf | 2 | 3,8 % |
| Wichmannsburg | 6 | 11,3 % |
| Wulfstorf | 1 | 1,9 % |

Die Interviewpartner waren in unterschiedlichen Berufen tätig oder sind es derzeit noch: Lehrer, Landwirte, Landarbeiter, Angestellte, Hauswirtschafterinnen, Fotografen, Pädagogen, Kaufmänner, Tischler, Sekretärinnen, Hebammen, Bankangestellte und Ungelernte.

Viele Bewohner wiesen von sich aus darauf hin, dass sie keine Einheimischen, sondern in den letzten 10, 20 oder 30 Jahren in die Gemeinde Bienenbüttel zugezogen seien. Dieses ist für den ländlichen Raum und sein Sozialgeschehen von besonderer Bedeutung. Der überwiegende Anteil der Interviewpartner ist zugezogen, und zwar zum einen zwischen 1960 und 1970 und zum anderen ab 1996. Einige der älteren Frauen und Männer der Gemeinde Bienenbüttel sind erst 10 Jahre in der Gemeinde ansässig.

Die idyllische Vorstellung, dass der ländliche Raum ein Lebensraum ist, in dem sich alle ihr Leben lang kennen und in dem es kaum Wanderbewegungen gibt, kann für die Gemeinde Bienenbüttel nicht bestätigt werden. Es ist für die zukünftige Entwicklung zu berücksichtigen, dass unter den Bewoh-

nern eine gedankliche Zweiteilung in „Einheimische" und „Zugezogene"
vorherrscht. Dieses Denken zu überwinden, wäre Herausforderung für die
Bewohner der Gemeinde und könnte zu einer Bereicherung für die Dorfgemeinschaft werden.

11 Experteninterviews wurden mit Fachkräften aus örtlichen Diensten und
Einrichtungen geführt, nämlich dem Seniorenbeiratsvorsitzenden, einem
Mitglied des Seniorenbeirats, der Leitung einer stationären und einer ambu-
lanten Einrichtung der Altenpflege, der Pflegedienstleitung in einer solchen
stationären Einrichtung, einem Sozialpädagogen der Diakonie Uelzen, dem
Apotheker, dem Ortsvorsteher eines Ortsteils sowie mehreren Ärzten.

Insgesamt hat es eine Vielzahl an unterschiedlich intensiven Kontakten gegeben:

♦ 75 Kontaktaufnahmen für ein Experteninterview mit über 55 Jährigen in
  allen Ortsteilen der Gemeinde Bienenbüttel und daraus 53 geführte Interviews mit älteren Frauen und Männern,

♦ 11 Interviews mit Fachkräften örtlicher Dienste und Angebote für alte
  Menschen sowie

♦ mindestens 50 Telefoninterviews mit Vertretern der Vereine, Ortsvor-
  stehern und Vertretern anderer Gruppen, die als Multiplikatoren in den
  Dörfern gelten.

Es ist also ein weitgehend vollständiges Bild des Alterns in der Gemeinde
Bienenbüttel und ihrer Ortsteile erarbeitet worden. Dabei war bedeutsam,

Aussagen zu erhalten, wie ein altengerechter Sozialraum für die älteren Menschen von den älter werdenden Menschen der Gemeinde selbst gesehen wird. Eine solche Nachfrage und dann auch aktive Beteiligung an Veränderungen ist von hoher Bedeutung, da den Älteren nicht einfach etwas vorgesetzt werden soll, sondern mit ihnen und ihren Ideen und Vorstellungen, die sie von ihrem eigenen Lebensumfeld haben, ihr eigener Lebensraum geplant und gestaltet werden soll. Die in einem Sozialraum lebenden Menschen wissen selber um ein für sie gutes und hilfreiches Umfeld. Dieses Wissen gilt es zu bündeln und für die Gestaltung nutzbar zu machen.

In der Verbindung mit einer altenplanerischen professionellen Sichtweise wird daraus die Vision eines altengerechten Lebensraums mit folgenden Eckpunkten:

Ein altengerechter Lebensraum bedeutet

♦ eine flexible und tragfähige Infrastruktur an Einrichtungen und Diensten für ältere Menschen,

♦ eine selbstbewusste aktive Bürgerschaft, die sich durch ihr vielfältiges Engagement auszeichnet,

♦ ein verbreitetes fachliches Wissen über Fragen des Alterns, der Pflege, der Vorsorge und der Gestaltungsmöglichkeiten des Lebens im Alter und schließlich

♦ eine Kommune, die ihre aktive und aktivierende Rolle annimmt (vgl. Klie 2002).

Für die Zukunft ist von Bedeutung, weiterhin deutlich umfassendere Wissenszusammenhänge herzustellen, um noch differenzierter Aussagen zu den Bedingungen des objektiven Alternsprozesses in der Gemeinde zu gewinnen. Der vorliegende Bericht ist als ein Anfang zu werten, der auf zentrale Aspekte hinweist, die zukünftig zu planen und zu gestalten sind. Darüber hinaus könnte ein komplexer Gesamtwissenszusammenhang notwendig werden, um differenziertere Aussagen und Planungen vornehmen zu können, und zwar zu folgenden Aspekten:

♦ Bevölkerungsstruktur:
  Diese müsste weiter differenziert werden z.B. nach zugewanderten Menschen und Herkunftsländern, um unterschiedliche kulturelle Hintergründe für ein vielfältiges Leben in der Gemeinde zu nutzen.

♦ Haushalts- und Familienstrukturen:
  Das Wissen um Einpersonenhaushalte und Mehrpersonenhaushalte kann hilfreich sein, um Isolierung und Einsamkeit zu vermeiden und soziale Kontakte zu vermitteln.

♦ Bildungsniveau und Berufstätigkeit:
  Unterschiedliche berufliche Hintergründe und unterschiedliche Bildung tragen zur Vielfältigkeit eines Ortes bei und bilden einen großen Pool an unterschiedlichen Hilfe- und Unterstützungsmöglichkeiten, aus dem geschöpft werden kann.

♦ materielle Lage und Einkommenssituation:

Die Einkommenssituationen der einzelnen Männer und Frauen entscheidet über die Lebensgestaltung im Alter, und zwar nicht nur die Höhe der Renten, sondern auch Ersparnisse oder Wohneigentum.

◆ Wohnverhältnisse:

Alltag und Alter ist vor allem Wohnalltag. Ausstattung, Größe und Fragen des Besitzes des Wohnraums sind wesentlich für die Art und Weise des Alterns.

◆ soziale Netze und Unterstützungspotenziale:

Sie garantieren die Versorgung und sind für die Gestaltung der Freizeit und der Kontakte untereinander von großer Bedeutung sowohl für die Lebensqualität und subjektive Eingebundenheit im Alter als auch für eine selbständige Lebensführung bei langsam zunehmender Hilfe- und Pflegebedürftigkeit.

◆ Gesundheit sowie der Stand des Pflegebedarfs:

Diese könnten in Bienenbüttel und in den Ortsteilen konkretisiert werden, um den tatsächlichen Hilfe- und Pflegebedarf und die entsprechende Aktivierung der Hilfenetze festzustellen.

◆ Versorgungs- und Hilfeinfrastruktur mit sozialen Diensten:

Damit könnten die Angemessenheit und Akzeptanz der Angebote der Gesundheitseinrichtungen und somit der Versorgungsgrad und die Erreichbarkeit ermittelt werden. Entsprechend könnten Bedarfe festgestellt und Lösungen zur Überwindung von Engpässen gefunden werden.

Mit dem Wissen, das zu den einzelnen Aspekten erhoben wird, entsteht Zusammenhangswissen zur Lebensqualität älterer Menschen. Auf dieser Basis werden Lebenslagen in einem Sozialraum bewusst plan- und gestaltbar. Es wird also möglich, ein nahezu vollständiges Bild vom Leben älterer Menschen in der Gemeinde zu erhalten, und so können Aussagen und Einschätzungen zu dem Leben älterer Menschen in der Gemeinde getroffen werden. Bis zum jetzigen Zeitpunkt wurden zu einigen wesentlichen Punkten wie z.B. dem Wohnen im Alter, der Hilfe- und Pflegebedürftigkeit und der Mobilität Wissen erarbeitet und Empfehlungen formuliert. Der vorliegende Bericht kann als der Beginn einer Entwicklung betrachtet werden, die in vielerlei Hinsicht ausgeweitet oder an weiteren ausgewählten Punkten intensiviert werden könnte.

Im weiteren Vorgehen wird es von Bedeutung sein, die gesamte Bevölkerung in öffentlichen Veranstaltungen oder durch sonstige Veröffentlichungen über den gegenwärtigen Stand zu informieren und in Form unterschiedlicher Beteiligung zu Entscheidungen darüber zu kommen, welche Empfehlungen und Vorschläge mit welcher Priorität und unter wessen Beteiligung verwirklicht werden könnten.

Alles Wissen ist nicht viel wert, wenn es nicht den Menschen in der Gemeinde Bienenbüttel und ihren Ortsteilen zur Auseinandersetzung und Diskussion zurückgegeben wird. Es muss ein kommunikativer Prozess entstehen, der mit einer Informationsveranstaltung beginnen kann, Podiumsdiskussionen und Zukunftswerkstätten könnten angeschlossen werden. Ausgewählte Ergebnisse könnten in unterschiedliche Vereine, Gremien oder einzelne Ortsteile zur Auseinandersetzung gegeben werden, um eine Prioritätenliste oder einen Zeitplan zur Realisierung einiger Empfehlungen zu verabschieden oder um zu beschließen, weiteres Material zu Haushaltsgrößen, Einkommen etc. zu erheben. Sehr viel ist möglich.

Für die Verbesserung der Lebensqualität bei gleichzeitiger Verminderung der Gefahr, eventuell prekäre Lebenslagen im Alter in dem einen oder anderen Ortsteil vorzufinden, ist es für das weitere Vorgehen von Bedeutung, vor allem die unterschiedlichen Hilfepotenziale zu bündeln. Diese können zu Lösungen im Hinblick auf die Mobilität oder die subjektive Eingebundenheit in einen Kommunikationsprozess führen und in einen Entscheidungsprozess einmünden.

Es gibt in jedem Ortsteil viele Potenziale zur aktiven Gestaltung der Nachbarschaftshilfen und zur Verbesserung der Lebenslagen älterer Menschen im ländlichen Raum. „Das Wichtigste für eine zukunftsgerichtete Altenplanung ist die Bereitschaft und die Kreativität der Akteure vor Ort, sich an der Zukunftsaufgabe der Gestaltung von förderlichen Rahmenbedingungen für das sich so unterschiedlich ausprägende und zeigende Leben im Alter zu beteiligen" (Klie 2002).

Planung ist ein Prozess: Es geht darum, regional bedeutsame Problemstellungen herauszuarbeiten, um diese künftig unter aktiver Beteiligung aller im Sozialraum lebenden Frauen und Männer verändern zu können.

Alle Bewohner sind in Sozialplanungen verantwortlich für das Gelingen und die Realisierung der Maßnahmen, für die man sich entscheidet.

Die Vision ist eine altengerechte lebendige Gemeinde Bienenbüttel, in der auch größer werdende Anteile älterer und hochaltriger Menschen mit einem langsam ansteigenden Hilfepotenzial ein selbständiges und selbstbestimmtes Leben führen können.

Die Leitfrage für jede Maßnahme lautet: Was ist zu tun, um den demographischen Wandel als Chance für die Entwicklung dörflichen Zusammenlebens zu nutzen?

# 8. Literaturverzeichnis

**Arbeitskreis zur Geschichte Bienenbüttels 2004**: 1000 Jahre Bienenbüttel. Geschichte mit viel Zukunft. Die Einheitsgemeinde Bienenbüttel. Eine Übersicht zu Vergangenheit und Gegenwart.

**Bausinger, H. 1987**: Dorf – das verwackelte Leitbild. In: Frahm, E/ Hoops, W. (Hg.) 1987: Dorfentwicklung. Aktuelle Probleme und Weiterbildungsbedarf, Tübingen. In: Schweppe, C. 2000: Biographie und Alter(n) auf dem Land. Lebenssituation und Lebensentwürfe. Opladen.

**Böhler, A. 2002**: Das Wohngruppenkonzept in der Praxis – Ergebnisse einer qualitativen Befragung von Angehörigen und Mitarbeitern bereits bestehender Wohngemeinschaften für Demente. In: Klie, Th. (Hg.) 2002: Wohngruppen für Menschen mit Demenz. Hannover.

**Böhnisch, L. / Funk, H. 1990**: Jugend im Abseits – Jugendliche im ländlichen Raum. Weinheim/ München. In: Schweppe, C. 2000: Biographie und Alter(n) auf dem Land. Lebenssituation und Lebensentwürfe. Opladen.

**Böhnisch, L. / Winter, R. 1990**: Pädagogische Landnahme. Einführung in die Jugendarbeit des ländlichen Raums. Weinheim/ München. In: Schweppe, C. 2000: Biographie und Alter(n) auf dem Land. Lebenssituation und Lebensentwürfe. Opladen.

**Brändle-Ströh, A. 1998**: Pflegewohnung – ein Modell gemeinschaftlichen Wohnens aus der Schweiz – Konzept und Erfahrungen. Zürich.

**Bullinger, H. / Nowak, J. 1998**: Soziale Netzwerkarbeit. Freiburg.

**Bundesministerium für Arbeit und Sozialordnung / Bundesministerium für Gesundheit / Kuratorium Deutsche Altershilfe (Hg.) 2003**: KDA-Hausgemeinschaften – eine Dokumentation von 34 Projekten. Band 9. Köln.

**Bundesministerium für Familie, Senioren, Frauen und Jugend (BmFSFJ) (Hg.) 2002**: Vierter Bericht zur Lage der älteren Generation in Deutschland. Risiken, Lebensqualität und Versorgung Hochaltriger – unter besonderer Berücksichtigung demenzieller Erkrankungen. Berlin.

**Bundesministerium für Familie, Senioren, Frauen und Jugend (BmFSFJ) (Hg.) 2001**: Dritter Bericht zur Lage der älteren Generation. Alter und Gesellschaft. Bonn.

**Bundesministerium für Familie, Senioren, Frauen und Jugend (BmFSFJ) (Hg.) 1998**: Wohnen im Alter. Zweiter Bericht zur Lage der älteren Generation. Bonn.

**Care Konkret 2003**: Neue Senioren - WG passt in kein Förderprogramm. Vincentz-Verlag (Hg.).

**Chasse, K. A. 1989**: Ist das Land noch ländlich? In: Widersprüche, Heft 32, 9/1989. In: Schweppe, C. 2000: Biographie und Alter(n) auf dem Land. Lebenssituation und Lebensentwürfe. Opladen.

**Deutscher Bundestag 2002**: Enquete-Kommission Demographischer Wandel. Herausforderungen unserer älter werdenden Gesellschaft an den Einzelnen und die Politik. Berlin.

**Deutsch, D. 2006**: Schöne Aussichten fürs Alter. Wie ein italienisches Dorf unser Leben verändern kann.

**Forum für gemeinschaftliches Wohnen im Alter, Bundesvereinigung e. V. (Hg.) 1996**: Zusammen wohnen – zusammen leben. Gemeinschaftliche Wohnprojekte von Alt und Jung. Ergebnisse einer Befragung. Berlin.

**Freie Scholle Nachbarschaftshilfe e. V. 2000**: Nachbarschaftlich wohnen in der Freien Scholle. Bielefeld.

**Geertz, C. 1992**: Dichte Beschreibung. Beiträge zum Verstehen kultureller Systeme. Frankfurt/ Main.

**Gemeinde Bienenbüttel – Seniorenbeirat (Hg.) 2006**: Älter werden in Bienenbüttel, Informationen – Ratschläge - Hinweise

**Giessler, J. F. 2004**: Planen und Bauen für das Alter. Ratgeber für Neubau, Umbau und Renovierung.

**Hilbert, J. / Cirkel, M. / Schalk, C. 2004**: Produkte und Dienstleistungen für mehr Lebensqualität im Alter. Expertise. Institut für Arbeit und Technik.

**Klie, Th. et al. 2002**: Handbuch kommunale Altenplanung. Grundlagen – Prinzipien – Methoden. Frankfurt/ Main.

**Klie, Th. 2002**: Netzwerk Wohngruppen für Menschen mit Demenz - Das Freiburger Modell. In: Klie, Th. (Hg.) 2002: Wohngruppen für Menschen mit Demenz. Hannover.

**Klie, Th. / Spiegelberg, R. (Hg.) 1998**: Für(s) Alte(r) sorgen. Grundlagen, Methoden und Standards kommunaler Altenplanung. Freiburg.

**Kremer-Preiß, U. / Stolarz, H. 2005**: Werkstatt-Wettbewerb Quartier. Dokumentation der ausgezeichneten Beiträge. Dokumentation im Rahmen des Projektes „Leben und Wohnen im Alter" der Bertelsmann Stiftung und des Kuratoriums Deutsche Altershilfe. Köln.

**Kremer-Preiß, U. / Stolarz, H. 2003**: Neue Wohnkonzepte für das Alter und praktische Erfahrungen bei der Umsetzung. Eine Bestandsanalyse. Zwischenbericht im Rahmen des Projektes „Leben und Wohnen im Alter" der Bertelsmann Stiftung und des Kuratoriums Deutsche Altershilfe. Köln.

**Kremer-Preiß, U./ Stolarz, H. 2002**: Wohngemeinschaften mit Betreuung – Eine Ergänzung zum KDA-Hausgemeinschaftskonzept? In: Pro Alter 2/2003.

**Kremer-Preiß, U. / Stolarz, H. 2000**: Wohnen in Gemeinschaft – Datenlage und Entwicklungsstand – Sonderanalyse aus der KDA - Daten- und Informationsbank „Wohnen im Alter". Köln.

**Kuratorium Deutsche Altershilfe (Hg.) 2000**: Die niederländische Studie „Vom Idealismus zum Realismus – Über 15 Jahre gemeinschaftliches Wohnen älterer Menschen", Übersetzung der Studie des Verwey-Jonker-Instituts von 1998. Köln.

**Kruse, A. / Martin, M. 2004**: Enzyklopädie der Gerontologie. Bern.

**Ministerium für Frauen, Jugend, Familie und Gesundheit des Landes Nordrhein-Westfalens 1999**: Neue Wohnprojekte für ältere Menschen – Gemeinschaftliches Wohnen in Nordrhein-Westfalen. Düsseldorf.

**Langen, I. / Schlichting, R. (Hg.) 1992**: Altern und Altenhilfe auf dem Land. München.

**Meyer, C. 2006**: „Nur mit Distanz wird Nähe möglich". Seniorenwohngemeinschaften als Lebens-, Wohn und Pflegemodell im Alter. Zusammenfassung zu Entwicklung, Zielen und Konzepten sowie Erfordernissen für eine zukünftige Entwicklung. Lüneburg.

**Meyer, C. 2002**: Das Berufsfeld Altenpflege. Professionalisierung - Berufliche Bildung – Berufliches Handeln. Osnabrück.

**Meyer, C. 1999**: Konzept und wissenschaftliche Begleitung einer selbstorganisierten und selbstverwalteten Seniorenwohngemeinschaft im Raum Lüchow-Dannenberg. 1997-1999.

**Meyer, C. 1996**: Das Leben alter Menschen vor und nach der Wende aus sozialpädagogischer Sicht – dargestellt an der Gemeinde Amt Neuhaus. Diplomarbeit an der Universität Lüneburg.

**Meyer, C. 1995**: „Leben und Wirken im Alter". Konzept und wissenschaftliche Begleitung des Scharnebecker Vereins zur Entstehung einer selbst verwalteten und -gestalteten Altenwohnanlage für ein selbstbestimmtes Leben im Alter. 1993-1995.

**Mollenkopf, H. 2006**: Mobilität – Garant für ein selbstständig geführtes Leben. In: BAGSO Nachrichten 2/ 2006.

**Mollenkopf, H. / Marcellini, F. / Ruoppila, I / Szeman, Z. / Tacken, M. 2005**: Enhancing Mobility in later life – personal coping, environmental resources and technical support. The out of home mobility of older adults in urban and rural regions of five european countries. Amsterdam.

**Mollenkopf, H. / Oswald / Wahl / Zimber 2004**: Räumlich-soziale Umwelten älterer Menschen. In: Kruse, A./ Martin, M. 2004: Enzyklopädie der Gerontologie. Bern.

**Pawletko, K.-W. 2002**: Ambulant betreute Wohngemeinschaften für demenziell erkrankte Menschen, Bundesministerium für Familie, Senioren, Frauen und Jugend (Hg.). Berlin.

**Pawletko, K.-W. 2002**: Die ambulant betreute Wohngemeinschaft mit Angehörigenbeteiligung. In: Projektantrag im Rahmen des Modellprogramms des Pflegeleistungsergänzungsgesetzes zur Verbesserung der Situation Demenzkranker und ihrer Angehörigen. Berlin.

**Pawletko, K.-W. 2002**: Betreute Wohngemeinschaften – Entwicklung und Perspektiven für pflegebedürftige und/ oder demenzkranke alte Menschen. Berlin.

**Röhrle, B. 1994**: Soziale Netzwerke und soziale Unterstützung. Weinheim.

**Rosenmayr, L 1996**: Altern im Lebenslauf. Göttingen.

**Rosenmayr, R. 1992**: Ältere und Alte in den Bereichen von Macht, Versorgung und Kultur. In: Langen, I. / Schlichting, R. (Hg.) 1992: Altern und Altenhilfe auf dem Land. München.

**Sander, U. 1987**: Jugend und agrarständische Gemeinschaften – Wie entlässt die ‚stille Revolution' ihre Kinder auf dem Lande? In: Zeitschrift für internationale erziehungswissenschaftliche und sozialwissenschaftliche Forschung 4(1987),1. In: Schweppe, C. 2000: Biographie und Alter(n) auf dem Land. Lebenssituation und Lebensentwürfe. Opladen.

**Schweppe, C. 2000**: Biographie und Alter(n) auf dem Land. Lebenssituation und Lebensentwürfe. Opladen

**Schweppe, C. 1994**: Altern auf dem Land – Über das soziale Märchen eines harmonischen Lebensabends. In: Neue Praxis 2/1994.

**Statistisches Bundesamt (StBA) 2000**: Datenreport 1999. Bonn.)

**Strassmann, B. 2005**: Gemeinsam Wohnen – das wollen viele Senioren. Wie kann das gut gehen? Fünf Hausbesuche. In: Die Zeit 47/ 2005.

**Trunz, E. (Hg) 1973**: Goethes Werke. Bd. XII. München.

**Verein für Selbstbestimmtes Wohnen im Alter e. V. (Hg.) 2002**: Qualitätskriterien für ambulant betreute Wohngemeinschaften mit demenziell erkrankten Menschen – eine Orientierungs- und Entscheidungshilfe. Berlin.

**Wahl, H.-W. / Schilling, O. / Oswald, F. 2000**: Wohnen im Alter spezielle Aspekte im ländlichen Raum. In: Walter, U/ Altgeld, T. (Hg.) 2000: Altern im ländlichen Raum. Frankfurt.

**Walter, U / Altgeld, T. (Hg.) 2000**: Altern im ländlichen Raum. Frankfurt.

**Weinkopf, C. 2005**: Haushaltsnahe Dienstleistungen für Ältere. Im Auftrag des Deutschen Zentrums für Altersfragen. Expertise für den 5. Altenbericht der Bundesregierung. Institut für Arbeit und Technik/ Wissenschaftszentrum NRW. Gelsenkirchen.

Linkliste zu Senioren-Wohngemeinschaften:

www.neue-wohnformen.de

www.wohnprojekte-50-plus.de

www.fgwa.de

www.bewusstgemeinsamleben.de

www.kda.de

# 9.  Anhang

## Daten zur Bevölkerungsstruktur in der Gemeinde Bienenbüttel

### Einheitsgemeinde Bienenbüttel gesamt

| Alter | männlich | % | weiblich | % | gesamt | % |
|---|---|---|---|---|---|---|
| 55-60 | 247 | 26,6 | 215 | 19,9 | 462 | 23 |
| 61-65 | 212 | 22,8 | 226 | 20,9 | 438 | 21,8 |
| 66-70 | 216 | 23,3 | 220 | 20,4 | 436 | 21,7 |
| 71-75 | 115 | 12,4 | 137 | 12,7 | 252 | 12,5 |
| 76-80 | 88 | 9,5 | 119 | 11 | 207 | 10,3 |
| 81-85 | 32 | 3,4 | 97 | 9 | 129 | 6,4 |
| 86-90 | 11 | 1,2 | 39 | 3,6 | 50 | 2,5 |
| 91-95 | 6 | 0,6 | 22 | 2 | 28 | 1,4 |
| 96-100 | 2 | 0,2 | 3 | 0,3 | 5 | 0,2 |
| 101-105 | 0 | 0 | 1 | 0,1 | 1 | 0,1 |
| **gesamt** | **929** | **26,8** | **1079** | **30,8** | **2008** | **28,8** |
| Ges.-Bev. | 3463 | 100 | 3505 | 100 | 6968 | 100 |

### Bienenbüttel

| Alter | männlich | % | weiblich | % | gesamt | % |
|---|---|---|---|---|---|---|
| 55-60 | 107 | 7,9 | 86 | 5,8 | 193 | 6,8 |
| 61-65 | 98 | 7,2 | 97 | 6,6 | 195 | 6,9 |
| 66-70 | 87 | 6,4 | 106 | 7,2 | 193 | 6,8 |
| 71-75 | 53 | 3,9 | 59 | 4 | 112 | 4 |
| 76-80 | 37 | 2,7 | 65 | 4,4 | 102 | 3,6 |
| 81-85 | 12 | 0,9 | 53 | 3,6 | 65 | 2,3 |
| 86-90 | 5 | 0,4 | 21 | 1,4 | 26 | 0,9 |
| 91-95 | 1 | 0,1 | 9 | 0,6 | 10 | 0,4 |
| 96-100 | 2 | 0,1 | 2 | 0,1 | 4 | 0,1 |
| **gesamt** | **402** | **29,7** | **498** | **33,7** | **900** | **31,8** |
| Ges.-Bev. | 1354 | 100 | 1478 | 100 | 2832 | 100 |

## Bargdorf

| Alter | männlich | % | weiblich | % | gesamt | % |
|---|---|---|---|---|---|---|
| 55-60 | 14 | 8,8 | 7 | 5,3 | 21 | 7 |
| 61-65 | 10 | 6,3 | 10 | 7,6 | 20 | 6,7 |
| 66-70 | 13 | 8,1 | 10 | 7,6 | 23 | 7,7 |
| 71-75 | 9 | 5,6 | 7 | 5,3 | 16 | 5,4 |
| 76-80 | 3 | 1,9 | 3 | 2,3 | 6 | 2 |
| 81-85 | 4 | 2,5 | 0 | 0 | 4 | 1,3 |
| 86-90 | 0 | 0 | 1 | 0,8 | 1 | 0,3 |
| 91-95 | 1 | 0,6 | 0 | 0 | 1 | 0,3 |
| 96-100 | 0 | 0 | 0 | 0 | 0 | 0 |
| **gesamt** | **54** | **33,8** | **38** | **28,8** | **92** | **31** |
| Ges.-Bev. | 160 | 100 | 132 | 100 | 292 | 100 |

## Beverbeck

| Alter | männlich | % | weiblich | % | gesamt | % |
|---|---|---|---|---|---|---|
| 55-60 | 7 | 7,2 | 3 | 4,1 | 10 | 5,8 |
| 61-65 | 5 | 5,2 | 8 | 10,8 | 13 | 7,6 |
| 66-70 | 2 | 2,1 | 4 | 5,4 | 6 | 3,5 |
| 71-75 | 5 | 5,2 | 2 | 2,7 | 7 | 4,1 |
| 76-80 | 1 | 1 | 2 | 2,7 | 3 | 1,7 |
| 81-85 | 2 | 2,1 | 2 | 2,7 | 4 | 2,3 |
| 86-90 | 0 | 0 | 0 | 0 | 0 | 0 |
| 91-95 | 0 | 0 | 0 | 0 | 0 | 0 |
| 96-100 | 0 | 0 | 0 | 0 | 0 | 0 |
| **gesamt** | **22** | **22,7** | **21** | **28,4** | **43** | **25** |
| Ges.-Bev. | 97 | 100 | 74 | 100 | 171 | 100 |

## Bornsen

| Alter | männlich | % | weiblich | % | gesamt | % |
|---|---|---|---|---|---|---|
| 55-60 | 2 | 4,4 | 4 | 7,1 | 6 | 5,9 |
| 61-65 | 2 | 4,4 | 5 | 8,9 | 7 | 6,9 |
| 66-70 | 5 | 11,1 | 5 | 8,9 | 10 | 9,9 |
| 71-75 | 0 | 0 | 2 | 3,6 | 2 | 2 |
| 76-80 | 2 | 4,4 | 2 | 3,6 | 4 | 4 |
| 81-85 | 0 | 0 | 3 | 5,4 | 3 | 3 |
| 86-90 | 1 | 2,2 | 1 | 1,8 | 2 | 2 |
| 91-95 | 0 | 0 | 0 | 0 | 0 | 0 |
| 96-100 | 0 | 0 | 0 | 0 | 0 | 0 |
| **gesamt** | **12** | **26,7** | **22** | **39,3** | **34** | **33,7** |
| Ges.-Bev. | 45 | 100 | 56 | 100 | 101 | 100 |

## Eitzen I

| Alter | männlich | % | weiblich | % | gesamt | % |
|---|---|---|---|---|---|---|
| 55-60 | 11 | 10,9 | 8 | 8 | 19 | 9,4 |
| 61-65 | 6 | 5,9 | 8 | 8 | 14 | 6,9 |
| 66-70 | 2 | 2 | 5 | 5 | 7 | 3,5 |
| 71-75 | 4 | 4 | 3 | 3 | 7 | 3,5 |
| 76-80 | 6 | 5,9 | 3 | 3 | 9 | 4,5 |
| 81-85 | 0 | 0 | 1 | 1 | 1 | 0,5 |
| 86-90 | 1 | 1 | 0 | 0 | 1 | 0,5 |
| 91-95 | 0 | 0 | 1 | 1 | 1 | 0,5 |
| 96-100 | 0 | 0 | 0 | 0 | 0 | 0 |
| **gesamt** | **30** | **29,7** | **29** | **29** | **59** | **29,2** |
| Ges.-Bev. | 101 | 100 | 100 | 100 | 201 | 100 |

## Grünhagen

| Alter | männlich | % | weiblich | % | gesamt | % |
|---|---|---|---|---|---|---|
| 55-60 | 10 | 7,3 | 14 | 10,1 | 24 | 8,6 |
| 61-65 | 13 | 9,5 | 15 | 10,8 | 28 | 10,1 |
| 66-70 | 8 | 5,8 | 10 | 7,2 | 18 | 6,5 |
| 71-75 | 3 | 2,2 | 3 | 2,2 | 6 | 2,2 |
| 76-80 | 3 | 2,2 | 4 | 2,9 | 7 | 2,5 |
| 81-85 | 0 | 0 | 4 | 2,9 | 4 | 1,4 |
| 86-90 | 0 | 0 | 1 | 0,7 | 1 | 0,4 |
| 91-95 | 0 | 0 | 1 | 0,7 | 1 | 0,4 |
| 96-100 | 0 | 0 | 0 | 0 | 0 | 0 |
| **gesamt** | **37** | **27** | **52** | **37,4** | **89** | **32** |
| Ges.-Bev. | 137 | 100 | 139 | 100 | 276 | 100 |

## Hohenbostel

| Alter | männlich | % | weiblich | % | gesamt | % |
|---|---|---|---|---|---|---|
| 55-60 | 25 | 6,1 | 15 | 3,9 | 40 | 5,1 |
| 61-65 | 18 | 4,4 | 16 | 4,2 | 34 | 4,3 |
| 66-70 | 22 | 5,4 | 19 | 5 | 41 | 5,2 |
| 71-75 | 14 | 3,4 | 16 | 4,2 | 30 | 3,8 |
| 76-80 | 10 | 2,5 | 9 | 2,4 | 19 | 2,4 |
| 81-85 | 1 | 0,2 | 13 | 3,4 | 14 | 1,8 |
| 86-90 | 1 | 0,2 | 1 | 0,3 | 2 | 0,3 |
| 91-95 | 3 | 0,7 | 5 | 1,3 | 8 | 1 |
| 96-100 | 0 | 0 | 0 | 0 | 0 | 0 |
| **gesamt** | **94** | **23,1** | **94** | **24,6** | **188** | **24** |
| Ges.-Bev. | 407 | 100 | 382 | 100 | 789 | 100 |

## Hohnstorf

| Alter | männlich | % | weiblich | % | gesamt | % |
|---|---|---|---|---|---|---|
| 55-60 | 10 | 9,9 | 6 | 5,2 | 16 | 7,3 |
| 61-65 | 2 | 2 | 4 | 3,5 | 6 | 2,7 |
| 66-70 | 8 | 7,9 | 7 | 6,1 | 15 | 6,8 |
| 71-75 | 3 | 3 | 10 | 8,7 | 13 | 5,9 |
| 76-80 | 4 | 4 | 4 | 3,5 | 8 | 3,6 |
| 81-85 | 3 | 3 | 4 | 3,5 | 7 | 3,2 |
| 86-90 | 0 | 0 | 1 | 0,9 | 1 | 0,5 |
| 91-95 | 1 | 1 | 3 | 2,6 | 4 | 1,8 |
| 96-100 | 0 | 0 | 1 | 0,9 | 1 | 0,5 |
| 101-105 | 0 | 0 | 1 | 0,9 | 1 | 0,5 |
| **gesamt** | **31** | **30,7** | **41** | **35,7** | **72** | **32,7** |
| Ges.-Bev. | 101 | 100 | 115 | 100 | 216 | 100 |

## Niendorf

| Alter | männlich | % | weiblich | % | gesamt | % |
|---|---|---|---|---|---|---|
| 55-60 | 2 | 3,8 | 5 | 10,2 | 7 | 6,9 |
| 61-65 | 4 | 7,7 | 1 | 2 | 5 | 4,9 |
| 66-70 | 4 | 7,7 | 4 | 8,2 | 8 | 7,8 |
| 71-75 | 0 | 0 | 3 | 6,1 | 3 | 2,9 |
| 76-80 | 1 | 1,9 | 1 | 2 | 2 | 2 |
| 81-85 | 0 | 0 | 2 | 4,1 | 2 | 2 |
| 86-90 | 0 | 0 | 0 | 0 | 0 | 0 |
| 91-95 | 0 | 0 | 0 | 0 | 0 | 0 |
| 96-100 | 0 | 0 | 0 | 0 | 0 | 0 |
| **gesamt** | **11** | **21,2** | **16** | **32,7** | **27** | **26,5** |
| Ges.-Bev. | 52 | 100 | 49 | 100 | 101 | 100 |

## Rieste

| Alter | männlich | % | weiblich | % | gesamt | % |
|---|---|---|---|---|---|---|
| 55-60 | 7 | 6,4 | 15 | 14,3 | 22 | 10,3 |
| 61-65 | 12 | 10,9 | 10 | 9,5 | 22 | 10,3 |
| 66-70 | 16 | 14,5 | 8 | 7,6 | 24 | 11,2 |
| 71-75 | 4 | 3,6 | 8 | 7,6 | 12 | 5,6 |
| 76-80 | 3 | 2,7 | 6 | 5,7 | 9 | 4,2 |
| 81-85 | 1 | 0,9 | 1 | 1 | 2 | 0,9 |
| 86-90 | 0 | 0 | 0 | 0 | 0 | 0 |
| 91-95 | 0 | 0 | 1 | 1 | 1 | 0,5 |
| 96-100 | 0 | 0 | 0 | 0 | 0 | 0 |
| **gesamt** | **43** | **39,1** | **49** | **46,7** | **92** | **43** |
| Gesamtbev. | 110 | 100 | 105 | 100 | 215 | 100 |

## Steddorf

| Alter | männlich | % | weiblich | % | gesamt | % |
|---|---|---|---|---|---|---|
| 55-60 | 19 | 4,9 | 25 | 6,4 | 44 | 5,6 |
| 61-65 | 15 | 3,8 | 22 | 5,7 | 37 | 4,7 |
| 66-70 | 16 | 4,1 | 14 | 3,6 | 30 | 3,8 |
| 71-75 | 10 | 2,6 | 5 | 1,3 | 15 | 1,9 |
| 76-80 | 3 | 0,8 | 6 | 1,5 | 9 | 1,2 |
| 81-85 | 2 | 0,5 | 4 | 1 | 6 | 0,8 |
| 86-90 | 2 | 0,5 | 4 | 1 | 6 | 0,8 |
| 91-95 | 0 | 0 | 2 | 0,5 | 2 | 0,3 |
| 96-100 | 0 | 0 | 0 | 0 | 0 | 0 |
| **gesamt** | **67** | **17,2** | **82** | **21,1** | **149** | **19,1** |
| Ges.-Bev. | 390 | 100 | 389 | 100 | 779 | 100 |

## Varendorf

| Alter | männlich | % | weiblich | % | gesamt | % |
|---|---|---|---|---|---|---|
| 55-60 | 3 | 5,8 | 3 | 5,1 | 6 | 5,4 |
| 61-65 | 2 | 3,8 | 2 | 3,4 | 4 | 3,6 |
| 66-70 | 3 | 5,8 | 5 | 8,5 | 8 | 7,2 |
| 71-75 | 2 | 3,8 | 3 | 5,1 | 5 | 4,5 |
| 76-80 | 1 | 1,9 | 2 | 3,4 | 3 | 2,7 |
| 81-85 | 0 | 0 | 0 | 0 | 0 | 0 |
| 86-90 | 0 | 0 | 0 | 0 | 0 | 0 |
| 91-95 | 0 | 0 | 0 | 0 | 0 | 0 |
| 96-100 | 0 | 0 | 0 | 0 | 0 | 0 |
| **gesamt** | **11** | **21,2** | **15** | **25,4** | **26** | **23,4** |
| Ges.-Bev. | 52 | 100 | 59 | 100 | 111 | 100 |

## Wichmannsburg

| Alter | männlich | % | weiblich | % | gesamt | % |
|---|---|---|---|---|---|---|
| 55-60 | 15 | 6,3 | 12 | 5,3 | 27 | 5,8 |
| 61-65 | 11 | 4,6 | 14 | 6,1 | 25 | 5,3 |
| 66-70 | 15 | 6,3 | 11 | 4,8 | 26 | 5,6 |
| 71-75 | 5 | 2,1 | 11 | 4,8 | 16 | 3,4 |
| 76-80 | 10 | 4,2 | 6 | 2,6 | 16 | 3,4 |
| 81-85 | 5 | 2,1 | 4 | 1,8 | 9 | 1,9 |
| 86-90 | 1 | 0,4 | 6 | 2,6 | 7 | 1,5 |
| 91-95 | 0 | 0 | 1 | 0,4 | 1 | 0,2 |
| 96-100 | 0 | 0 | 0 | 0 | 0 | 0 |
| **gesamt** | **62** | **25,8** | **65** | **28,5** | **127** | **27,1** |
| Ges.-Bev. | 240 | 100 | 228 | 100 | 468 | 100 |

**Wulfstorf**

| Alter | männlich | % | weiblich | % | gesamt | % |
|---|---|---|---|---|---|---|
| 55-60 | 5 | 10,4 | 3 | 7,3 | 8 | 9,1 |
| 61-65 | 3 | 6,3 | 2 | 4,9 | 5 | 5,7 |
| 66-70 | 4 | 8,3 | 3 | 7,3 | 7 | 8 |
| 71-75 | 0 | 0 | 1 | 2,4 | 1 | 1,1 |
| 76-80 | 3 | 6,3 | 0 | 0 | 3 | 3,4 |
| 81-85 | 0 | 0 | 3 | 7,3 | 3 | 3,4 |
| 86-90 | 0 | 0 | 0 | 0 | 0 | 0 |
| 91-95 | 0 | 0 | 1 | 2,4 | 1 | 1,1 |
| 96-100 | 0 | 0 | 0 | 0 | 0 | 0 |
| **gesamt** | **15** | **31,3** | **13** | **31,7** | **28** | **31,8** |
| Ges.-Bev. | 48 | 100 | 41 | 100 | 89 | 100 |

Daten der Bevölkerung ab 55 Jahren vom 4.10.2005

Daten der Gesamtbevölkerung vom 21.12.2005

Auf Grund der zeitlichen Verschiebung bei der Erhebung der Datensätze kann es zu geringfügigen prozentualen Abweichungen kommen.

**Interessante Adressen für ältere Bienenbütteler**

| **Notrufe:** | Polizei | 110 |
| --- | --- | --- |
| | Feuerwehr | 112 |
| | Rettungs- / Unfallwagen | 112 |
| | Ärztlicher / Zahnärztlicher Notdienst | 0180 2000 099 |

| **Ärzte:** | Dr. H. Colberg, Bahnhofstr. 16 | 322 |
| --- | --- | --- |
| | Dr. R. Reimers, Schmiedweg 3 | 7051 / 7070 |
| | Dr. R. Schlaudraff, Bahnhofstr. 7 | 98080 |
| **Zahnärzte:** | R. Hullmann, Bahnhofstr. 4 | 6375 |
| | M. König, Ilmenaustr. 5 | 7222 |
| | Dr. J. Ronneburg und Dr. I. Bärenklau, | |
| | Bahnhofstr. 33 | 1730 |

| **Tierarzt:** | R. Freers, Georgstr. 19 A | 283 |
| --- | --- | --- |

| **Apotheke:** | Georgsapotheke K. G. Franke, | |
| --- | --- | --- |
| | Bahnhofstr. 8 | 1232 |

| **Taxi:** | B. Eckhoff | 1002 |
| --- | --- | --- |
| | V. Mauersberger | 9418 |

| **Gemeinde:** | Rathaus, Marktplatz 1 | 98000 |
| --- | --- | --- |
| | Internet: www.bienenbuettel.de | |
| | Bücherei (im Rathaus) | 980026 |

Waldbad (Mai-September, beheizt)

Schützenallee                                        7892


**Ev. Kirchen:** St. Michaelis Bienenbüttel, Pastor Bade   379

St. Georg Wichmannsburg, Pastor Hoogen 1732


**Bildung:** Kreisvolkshochschule Uelzen –

Lüchow-Dannenberg in Bienenbüttel

Informationen: D. Lichtenberg              1569


**Sport:** Tennis im Tennis-Club-Bienenbüttel,

Informationen: K. Piepenburg               9403

Gymnastik, Nordic Walking, Wandern,

Schach im TSV Bienenbüttel

Informationen: M. Basse                    7806

Gymnastik und Tanz im DRK

Bienenbüttel, Informationen: G. Eggers     1746

Schießsport in der Schützengilde

Bienenbüttel, Informationen: M. Kruskop   98170

Schießsport im Damenschießklub

Informationen: G. Riemann                  1324


**Beratung:** Monatliche Sozialberatung im SoVD

Sozialverband Deutschland

Informationen: K.-O. Constien              7920

Allgemeine Sozialberatung durch das
Diakonische Werk Uelzen im
Gemeindebüro der St. Michaeliskirche 379
Beratung in Rentenfragen durch den
Versicherungsältesten G. Lehmann 955217

**Hausnotruf:** Einrichtung einer Telefonverbindung
vom Haus zur Notrufzentrale
Informationen: DRK, Frau Eckelt 0581-903210
Der Paritätische 04131-86180
Johanniter-Unfallhilfe, Herr Meyer 0172-5138912
Vitakt Hausnotruf: 05971-934354

**Pflege**
**-Dienste:** Häusliche Alten- und Krankenpflege
Sabine Vogler 8228
Häusliche Krankenpflege Effe 05821-2245
Wesemann´s Krankenpflege 05821-992000
DRK-Pflegedienst Uelzen 0581-9003232
Pflegedienst Ilmenau Sylvia Martin-Beu 04131-263430
**-Heime:** Haus Hoheneck, Dorfstr. 2 981620
Seniorenhilfeeinrichtung
„Haus Ilmenaublick", Ilmenauweg 11 1652
Seniorenwohn- und Pflegeheim
„Zum Lietzberg", Lietzberg 13 98120

www.ingramcontent.com/pod-product-compliance
Lightning Source LLC
Chambersburg PA
CBHW081836250726
48659CB00008B/2473